在雅典學院聽哲學課

跟著拉斐爾名畫認識 14 位古希臘哲學家

金秀映 Kim Su Yeong 著
陳宜慧 譯

目錄

前言

我下定決心學習古希臘哲學，並為此閱讀相關書籍已經很長一段時間了。雖然我忘了柏拉圖哲學是從什麼時候開始走入我的心，但是我至今都覺得閱讀他的文章是一件很幸福的事。每當複雜句子背後隱藏的意義一個個清晰浮現在眼前，混亂的邏輯慢慢紓解，那種喜悅以及想繼續探究的慾望讓我全身充滿活力。當然，前提是不受其他事情的干擾。生活瑣事多或工作壓力大時，我就不太想把手伸向柏拉圖，即使被他的幾句話觸動，也會因為疲憊的身心而放下書。

學習並思考哲學並不總是那麼快樂，但是仍促使我想向他人講述哲學。說明我所學和所想的東西，並得到他人的理解和共鳴肯定是很有魅力的事，但是當聽眾很難理解我的解釋時，我往往會感到困擾且無力。當然，這是可以理解的，因為將理論上的抽象性推向極端，是哲學這門學問所具有的本質之一，有時講者自己也很難消化某些理論，更何況是聽課的人。然而，在如此危險的漫長道路上跌跌撞撞，也是從事哲學這一學問的傳統。在過去，對於一般公認授課或演講應該盡可能簡單的觀念，我其實並不認同。簡單的問題本就容易理解，困難的問題則必須多花點時間。如同我們不可能在五分鐘內完整解釋愛因斯坦的相對論，要求講師簡單說明困難的哲學問題，也是錯誤的。更何況，眾多哲學家花上數千年時間，激烈思考、討論人類生活中的各種問題，我們也不可能無條件簡略且膚淺地談論。

然而，有時候我們確實迫切需要更簡單且直觀地傳達古典哲學的魅力。尤其是以國高中生為對象進行的哲學講座更是如此。哲學原典大多複雜，內容繁多且難懂，但是我仍想先把學生們引進哲學的花園。如果這些學生聽完哲學講座後，一生都對哲學抱有負面偏見，這會讓我非常自責。因此，我開始利用眾所周知的各種畫作來解釋哲學理論。其中之一就是文藝復興（Renaissance）時代天才畫家拉斐爾（Raphael）的〈雅典學院〉（*The School of Athens*）。這幅廣為人知的畫作涵蓋了許多古典哲學家，非常適合做為古希臘哲學的嚮導。

此後很長一段時間，我看著這幅畫思考、拆解、調查資料、講課並討論。我想整理出課程的一部分，並推廣給更多人。由於這是很久之前完成的講課原稿，所以我一直猶豫是否該以書的形式分享給大家。後來我想，即使只是微小的知識，只要能對世界有所貢獻，都是有意義的，所以我克服了長時間以來的猶豫。

本書試圖依靠名畫〈雅典學院〉說明其中登場的古希臘哲學家，並試著以畫做為窗口觀察古典哲學。這扇窗為我們帶來絕美的哲學風景。

在以這幅畫為主題授課的過程中，我曾被問到為什麼要用這幅畫說明古希臘哲學。我不知道是否還有像〈雅典學院〉一樣，將古希臘哲學家全部聚集在一起的畫作。此外，這幅畫也不僅是匯集了所有哲學家，還透過驚人的象徵和細緻的表達手法，展現哲學家們的個性。

當然，其中大部分反映的是拉斐爾時代義大利社會對古希臘哲學家的看法，也很難說拉斐爾精通古希臘哲學到能完整重現所有哲學家的形象，但是透過這幅畫，我們反而可以了解生活在文藝復興時期的人對古希臘的看法。或許，〈雅典學院〉是繼第歐根尼（Diogenes）或普羅提諾（Plotinus）後，關於古希臘哲學和文化最可靠的資料之一。

因為本書內容是以入門性質的課程原稿為基礎，所以我盡量不修改講課時使用的淺白口說用語。此外，我也盡可能不直接引用原稿或二手文獻。因為每位哲學家能分得的篇幅不多，所以我盡量從每位哲學家的整體思想體系中選出一兩個核心主題，並專注探討。

事實上，寫這種入門性質的書會遇到的困難不是要放入什麼，而是該省略哪些。用短短幾頁來解釋柏拉圖哲學比想像中難，但是我希望經歷這些困難完成的書能讓讀者讀來更輕鬆。本書以非專業人士為對象的講課內容為基礎，所以讀者不需要對哲學有任何的了解，如果你在讀本書時有難以理解的地方，那都是我的問題。

本書的內容經過長期且多次的考驗。到目前為止，我在許多聽眾面前以〈雅典學院〉為主題進行了許多場演講，所以書中都是國高中生們反應特別熱烈的部分。多虧他們生動的好奇心，我才發現在國高中教哲學是可行的，以及國高中生在學習哲學時也可以很享受。我記住了那些閃閃發亮的眼睛，這一切都多虧了邀請猶豫不決的我合作的首爾崇文高中金相勳老師。真的非常感謝金老師。

我也要在此感謝線上教育網站 SeriCeo 給予我開設以〈雅典學院〉為主題課程的好機會，

並特別感謝觀看我的課程並給予掌聲的觀眾們，以及費心幫忙的裵正勳理事和崔淑賢 PD。

最後，將尚不成熟的原稿編輯成本書的 Chungaram media 的鄭鍾鎬代表和出版社的大家辛苦了，我將永遠銘記在心，謝謝大家。

二〇二一年六月

金秀映

慣用體例

① 在標記年分時，將西元前標記為 BC，西元後標記為 AD。

② 古希臘語、拉丁語、義大利語等單字用斜體字標記，包括英語在內的其他語言則用普通字體標記。人名除外。

③ 盡量按時間順序介紹哲學家。

④ 學者之間對古代哲學家的生歿年仍存在爭議和分歧，因此若無特殊原因，本書以多數人的意見為主。

⑤ 本書的內容為入門性質，所以沒有另外放上參考文獻。

01

拉斐爾與他的時代

拉斐爾（Raffaello Sanzio）於西元一四八三年四月六日生於烏爾比諾（Urbino），三十七年後，在西元一五二〇年的同一天，也就是四月六日去世。

拉斐爾的人生不僅短暫，也相對單純，他不是像達文西（Leonardo da Vinci, 1452-1519）一樣透過各種嘗試、毫無保留展現天才才華的畫家，也並非如米開朗基羅（Michelangelo, 1475-1564）一般為了藝術的崇高價值不惜一切的魯莽靈魂。他是一位溫和、溫柔且從容的藝術家，也喜歡與人相處。在文藝復興時期閃閃發亮的天才藝術家之間，他顯得平凡且安靜，人生也並不複雜。

拉斐爾的出生地是義大利北部的烏爾比諾，他的父親喬瓦尼・桑蒂（Giovanni Santi, 1435-1494）是一位地位穩固的宮廷畫家，母親瑪姬迪・巴蒂斯塔・查拉（Magia di Battista Ciarla）在拉斐爾八歲時去世，所以自然而然由父親負責他的教育。幸運的是，畫家父親很

拉斐爾，〈自畫像〉，西元1504年左右。在簡單的色彩和構圖中，鮮明且相貌堂堂的年輕藝術家靜靜地閃耀著光芒。

早就察覺到拉斐爾與眾不同的繪畫才能，所以拉斐爾自小便開始在父親的工作室學習，並熟習繪畫相關的工作。

不久後，拉斐爾的父親將年幼的兒子送到當代最重要的畫家之一彼得羅・佩魯吉諾（Pietro Perugino, 1446-1523）的門下。但是拉斐爾的父親在拉斐爾十二歲，尚未正式展開畫家活動之前就去世了。

大約西元一五〇〇年，也就是拉斐爾十七歲左右，他以接受作品的製作委託鞏固了自己專業畫家的地位，並向前邁出了一大步，他在西元一五〇四年移居佛羅倫斯（Florence）。佛羅倫斯是比烏爾比諾更大的城市，雖然知名的梅迪奇家族（Medici）剛剛沒落，但是這裡既是義大利文藝復興的發源地，也是達文西和米開朗基羅活躍的城市，因此仍然有很多天才藝術家積極活動。拉斐爾在這裡等待更大的機會。

西元一五〇八年，拉斐爾二十五歲時，他因為當時的教宗儒略二世（Julius II）的召喚終於來到了羅馬。同時代的畫家喬爾喬・瓦薩里（Giorgio Vasari, 1511-1574）對此做了如下說明。

「當時正在為儒略二世工作的伯拉孟特也來自烏爾比諾，是拉斐爾的遠房親戚，他寫信告訴拉斐爾，他已經說服教宗讓拉斐爾翻修他的房間，所以拉斐爾可以藉由這個機會向教宗展示自己的手藝。拉斐爾聽到這個消息後非常高興，他馬上放下在佛羅倫斯的工作，去了羅馬。」

拉斐爾在二十五歲這個相對年輕的年紀就能負責如此重大的項目，多納托・伯拉孟特（Donato Bramante, 1444-1514）功不可沒。伯拉孟特是一位卓越的建築師，也是當時建築聖彼得大教堂（St. Peter's Basilica）的總負責人，和拉斐爾一樣來自烏爾比諾。比拉斐爾年長近四十歲的父執輩伯拉孟特是為拉斐爾帶來巨大藝術影響的藝術家之一。

為了使大家更加理解拉斐爾在羅馬的工作，我必須介紹把工作託付給他的教宗儒略二世。他的原名是儒利安・德拉・羅維雷（Giuliano della Rovere），來自著名的德拉・羅維雷家族。這個家族在教宗西斯篤四世（Sixtus IV）時期首次出了教宗，之後經歷苦戰，他的姪子儒略二世也在西元一五〇三年登上了教宗的寶座。

當時義大利的情況其實很複雜，整個半島分裂成近二十個國家。其中維持較大勢力的國家有那不勒斯王國（Kingdom of Naples）、威尼斯共和國（Republic of Venice）、佛羅倫斯共和國（Republic of Florence）、米蘭公國（Duchy of Milan）等，這些國家與教宗國相互競爭。教宗國在政治上沒有太大影響力，也沒有充分的道德權威。包括教宗國在內，義大利半島的眾多國家全部混雜在一起，展開了混亂的鬥爭。法國、神聖羅馬帝國、西班牙和英格蘭等也都介入了這場混戰。從西元一四九四到一五五九年，這一連串的戰爭被稱為義大利戰爭時期（Great Wars of Italy）。撰寫《君王論》（*The Prince*），被稱為近代政治學之父的馬基維利（Niccolo Machiavelli, 1469-1527）也活在這個混亂的時期。

儒略二世登基時，義大利半島的複雜鬥爭才剛剛開始，他是一位雄心勃勃、充滿挑戰之心、固執且粗魯的教宗。儒略二世想在這一複雜的政局中驅逐外國勢力，特別是強大法國的影響力，擴張教宗國，並完成統一義大利的願望。他付諸行動後毫無顧忌地戰鬥，甚至得到了「戰士教宗」（Warrior Pope）的稱號。實際上他也取得了相當大的戰果。他可能本來就很好戰，或是當時的義大利情勢使他成為了這樣的教宗。儒略二世在位時間從西元一五〇三到一五一三年，在這十年左右的時間裡，他把擴大教宗國的領土視為最重要的課題之一，並專注投入。

他期望自己的奉獻能從內外提升教宗國的精神和道德權威，為了達到此目標，他希望周圍的天才藝術家發揮影響力。儒略二世召喚當代最優秀的藝術家到羅馬，委託他們將教宗的住處及其周邊的宗教建築進行偉大的藝術翻修。他在一五〇三年即位那年，請伯拉孟特建造新的聖彼得大教堂，西元一五〇五年將西斯汀禮拜堂（The Sistine Chapel）的屋頂託付給來

拉斐爾，〈教宗儒略二世畫像〉，西元1511～1512年左右。教宗姓氏羅維雷（Rovere）在義大利語中是橡樹的意思，所以椅子上有橡實形狀的裝飾物。

到羅馬的米開朗基羅，並委託拉斐爾幫自己在梵蒂岡的辦公室畫新的濕壁畫。拉斐爾接到教宗的召喚來到羅馬是西元一五〇八年，也就是教宗即位後第五年的事。

儒略二世並非擁有多不起的藝術眼光，但是從結果來看，他將義大利當時最好的藝術家們聚集到羅馬，開出義大利文藝復興時期最燦爛的花。教會因而獲得新的梵蒂岡教廷，藝術也因此進入了新時代。

教宗儒略二世將其辦公室四個房間壁面上的濕壁畫作業都交給了拉斐爾。四間房間的名字分別是簽字廳（*Stanza della Segnatura*, Room of the Signature）、伊利奧多羅廳（*Stanza di Eliodoro*, Room of Heliodorus）、博爾戈火災廳（*Stanza dell'Incendio di Borgo*, The Room of the Fire in the Borgo），以及君士坦丁大廳（*Sala di Costantino*, Hall of Constantine）。拉斐爾在羅馬停留的期間依序完成了這些房間的濕壁畫，這項工作一直持續到他在羅馬去世為止。

在這四個房間中最有名也最美麗的「簽字廳」內就畫著我們的主題畫作〈雅典學院〉。拉斐爾在西元一五〇九至一五一一年期間執行該房間的濕壁畫工作，是四個房間中最早完成的。顧名思義，這裡就是教宗簽署教會重要文件的空間。當然，這裡也是教宗的書房，有時他會在這裡接待客人。這個空間的本質是教會做出重要決定的地方，所以拉斐爾想將世間所有的智慧帶到這裡來。這可以是神話，可以是《聖經》的故事，也可以是哲學故事。可以是這片土地上的故事，也可以是遙遠彼岸的未知故事。

因此，簽字廳的主題是「智慧」，拉斐爾選擇了展現人類智慧的四個領域進行繪畫。四個壁面上的圖畫主題分別為哲學、神學、法學和文學。〈雅典學院〉（*Scuola di Atene*, The School of Athens）位於簽字廳的東壁，代表著哲學。象徵神學的畫作則為西壁的〈聖禮辯論〉（*Disputa del Sacramento*, Disputation of the Sacrament），南壁的〈三德像〉（*Virtù e la Legge*, Cardinal and Theological Virtues）象徵法學，代表文學的〈帕那蘇斯山〉（*Il Parnaso*,

簽字廳的北壁和東壁。

簽字廳的南壁和西壁。

The Parnassus）則裝飾著北壁。我很想為大家介紹所有的畫作，但礙於篇幅有限，只能留待有機會再說了。

那麼現在，就讓我們慢慢步入〈雅典學院〉吧！

02

走進雅典學院

〈雅典學院〉

這是一幅長八・二公尺，高五・八公尺，尺寸相對較大的濕壁畫。畫中聚集了很多人。由於畫作中的人都不是穿著很厚重的衣服，所以我推測畫中的季節應該是六月的某一天吧。那是一個溫和晴朗的日子，從畫作正中央的遠景可以看到藍天和白雲。哲學家們匯聚的這個空間不是完全的室內，也並非完全室外。那是一個擁有舒適內部空間，也連接遙遠天空的半開放空間。中央的舞台又寬又深。

畫作中間通往舞台有四層台階，畫中人物錯落在台階上下。後方的白色雄偉大理石建築沿著消失點筆直連接。階梯和人物配置形成的水平方向線，以及站著的人和後面柱子呈現的垂直形像交織在一起，形成了穩定的構圖。這種水平和垂直的對立並不尖銳，而是給觀者帶來舒服和諧的感覺。

藝術史學家海因里希・沃爾夫林（Heinrich Wölfflin, 1864-1945）將文藝復興和巴洛克時

期（Baroque）的繪畫特性分別訂為「平面」和「景深」，但是代表文藝復興的〈雅典學院〉卻展現了驚人的景深繪畫技巧。這個景深因為漂亮地連接垂直和水平的多層拱門而更加耀眼。這座拱門是拉斐爾時代負責聖彼得大教堂建築的伯拉孟特所設計的。伯拉孟特野心勃勃設計的教堂拱門裝飾著空間中心，彷彿其宗教的崇高價值包圍著哲學天才們。

前面的牆壁上坐落著兩尊白色石像，分別是希臘神話中最重要的兩位神，阿波羅（Apollo）和雅典娜（Athena）。阿波羅是宙斯（Zeus）和勒托（Leto）的兒子，雅典娜則是宙斯和墨堤斯（Metis）的女兒。從我們的角度來看，左邊的阿波羅是音樂之神，手中拿著里拉琴（lyra）。右邊的雅典娜則是守護雅典城邦的戰爭之神，手裡拿著盾牌，該盾牌是刻有梅杜莎（Medusa）臉孔的宙斯盾牌「埃癸斯之盾」（aigis）。阿波羅和雅典娜以大且非凡的輪廓增強了畫作的對稱性。同時，梵蒂岡中心的這個空間並不是教會的三位一體，而是供奉古希臘異教神祇的地方，因此是更適合哲學家們自由行走的空間。

我們把視線移回到畫作上。登場的人物大致分為三群。首先，哲學家們排成一排站在由大理石材質的四層台階上。正中央的兩人站在最重要的位置，其他人則像護衛一樣突顯兩人的特別地位。往中央延伸的拱門安放在這兩人的頭上，似乎產生了宗教光環。以這兩人為中心展開的人物有各種姿勢和動作，多數是優雅且從容地分散在兩側。畫作的左下方和右下方聚集了很多學者，正在進行我們耳朵聽不到的安靜哲學對話。

畫中的哲學家們都呈現出符合其個性的自由姿態。有些人站著，有些人坐著，有些人走路。某些人正在閱讀，有些人則獨自埋頭思考，也有人聚在一起聊天。有人靜靜聽別人說話，有人默默寫下東西，甚至有人急急忙忙奔向某處。有正面面對我們的人，也有只描繪出側臉的人，甚至還有只有背影的人。

沒有任何姿勢、表情和手腳形狀相似的哲學家，每個人都完全不一樣，這幅畫完全被有個性的人填滿。哲學是第一人稱單數的學問，換句話說是本質上屬於自己的學問。〈雅典學院〉華麗典雅的人物布局卻徹底打破哲學生硬且枯燥的刻板印象。拉斐爾所描繪的哲學，是美麗且悠閒的世界觀之間的對話。

他們都是古希臘哲學家，當然他們從沒像這樣聚在一起過，也不可能發生。因為畫作中的哲學家們身處完全不同的時代背景。這裡同時出現了西元前六世紀的人物巴門尼德

（Parmenides）到活躍於西元十二世紀的阿威羅伊（Averroes）等生活在不同時代的哲學家們，所以這幅畫算是一幅超現實主義的抽象畫。這幅畫演繹的是虛擬的畫面。拉斐爾並不是在這裡描繪歷史中真實存在的任何事件或場景，而是運用想像力將故事中的古典哲學家們聚在一起。

我們將這幅畫稱為〈雅典學院〉，但是這其實不是這幅畫的原名，至少拉斐爾並沒有取這個名字。這是從十七世紀左右開始使用的一個別名。由於斯巴達（Sparta）和科林斯（Collins）並未出現知名的哲學家，所以雅典確實是古典哲學的搖籃，不過這幅畫中也出現了許多與古希臘城邦雅典沒有直接關係的學者。

因此，如果想找到能比這個名字更準確呈現畫作性質的畫名，我們就要抬起頭看天花板。簽字廳的天花板有著非常華麗的濕壁畫。這個圓形的壁畫中有四名女子，這種畫被稱為「圓形藝術品」（*tondo*），在義大利語中是「圓」的意思。這是當時非常流行的繪畫方式，四名女子分別象徵哲學、神學、法學和文學。〈雅典學院〉正上方天花板的圓形藝術品代表著哲學。我們以象徵哲學的該女子為中心劃分左右來看。女子的左右分別有「*Causarum*」和「*Cognitio*」兩個字。合起來就是「關於原因的知識」，這是傳統哲學最常見的定義之一。這名女子拿著兩本書，書名是構成哲學兩大傳統領域的「自然」（*Naturalis*）

簽字廳的天花板壁畫。

和「道德」（*Moralis*）。這名女子的衣服有紫色、朱紅色、綠色（藍色）和褐色四種不同的顏色，這些顏色代表著古代的氣、火、水、土四種元素。哲學是與自然和道德原因有關的知識，所以探討的問題是圍繞我們的世界和我們的人生為什麼會變成這樣、現在是什麼樣，以及今後會如何發展。

現在，我們來仔細觀察漫步在〈雅典學院〉的哲學家們。我難以在此介紹所有的哲學家，因為拉斐爾畫了很多人物，但是沒有單獨標明畫中出現的每個人物各是誰。因此我們只能透過各種線索推測畫中的哲學家。

幸運的是，有些人物不難推測，是任何人都能馬上認出，或有著沒有人能否認的明確線索，例如柏拉圖（Plato）、亞里斯多德（Aristotle）、畢達哥拉斯（Pythagoras）等。然而，在多數情況下，我們對人物的推論都是主觀的，所以有許多與本書中的推測不同的意見，甚至學者之間的意見也大不相同。

然而實際上，這與其說是我們的困難，不如說是拉斐爾也經歷過的困難，例如，若他要描繪《舊約聖經》中的人物，因為有許多與這些人物相關的各種廣為人知的故事，所以能表現這些人物特性的方法非常明確且豐富。畢竟，有誰認不出裸著身子拿著蘋果的女人是夏娃呢？

但是哲學家們的情況並非如此，許多哲學家沒有明確的紀錄，甚至連生歿年代都無法確認，也沒有人們容易認出的特點。拉斐爾每次畫人物時都會向當代的許多學者諮詢，並苦思許久。他也參考了很多流傳到當代的雕像和畫作。在如此艱困的情況下，他甚至把文藝復興時期實際存在的人物刻畫成古希臘哲學家，最終完成了這個看似不可能的挑戰。因此，我們要珍惜並專注挖掘拉斐爾留下的微小線索，這也是和拉斐爾一起在〈雅典學院〉散步的樂趣。

03

我們都是哲學家

畢達哥拉斯

現在，讓我們來一一了解漫步在〈雅典學院〉的哲學家們。首先，請大家看位於畫作左下角的這位學者。他表情很嚴肅地在厚重的書上寫東西。從他的姿勢和表情可以感受到古老的權威。我們能看到他不論世界怎麼說，都要走自己路的意志。周圍的人用充滿好奇的表情看著這位有蓬鬆鬍鬚的學者寫文章。從拉斐爾在他周圍安排了許多輔助人物來看，我們可以推測拉斐爾認為這名學者是非常重要的人物。他就是畢達哥拉斯（Pythagoras）。

畢達哥拉斯這個名字我們都聽過，他就是提出畢氏定理「直角三角形的斜邊平方等於其餘兩邊平方和」的學者。

畢達哥拉斯出生在西元前五七〇年左右，他是比蘇格拉底（Socrates）早約一百年的人物。他的出生地薩摩斯島（Samos）是位於愛琴海東部，今日隸屬於土耳其的島嶼。他到巴比倫和埃及旅行後移居克羅頓（Croton），晚年則在梅達彭提翁（Metapontion）度過，並於

西元前四九七年左右去世。克羅頓和梅達彭提翁都是希臘人在義大利南部建立的殖民地，是別名「大希臘」（Magna Graecia）的重要城市。在東方和歐洲多個地區旅行過的畢達哥拉斯常被認為其思想混合著東方和西方的各種要素。

我們之所以能夠確信這位具有優雅風範的老學者是畢達哥拉斯，是因為他面前的小黑板。小男孩拿著的小黑板上畫著象徵畢達哥拉斯學派（Pythagorean School）的畫。若將黑板稍微放大，我們可以看到以下圖片。

首先，黑板上有著羅馬數字六、八、九和十二，數字正上方以古希臘文大寫字母寫著「*epognoon*」，正下方則是數字八和九，因此我們可以推測這個單字代表著八比九這個比例。下面有多條連接這些數字的線，在連接六、八、九和十二的線上，可以看到單字 *diapente*，連接六和十二這條最長的線上的單字則為 *diapason*，分別指的是三比四、二比三和一比二的

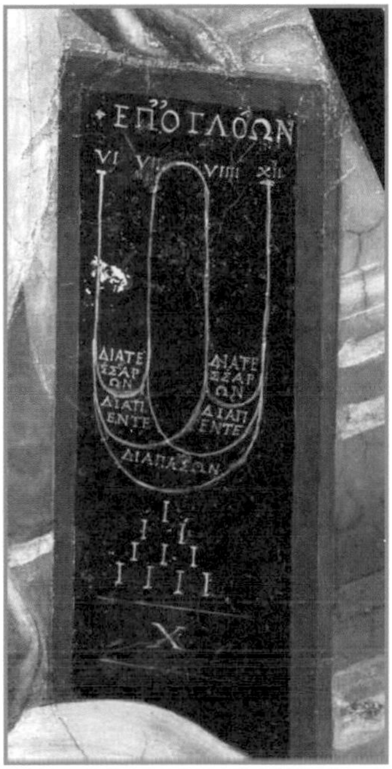

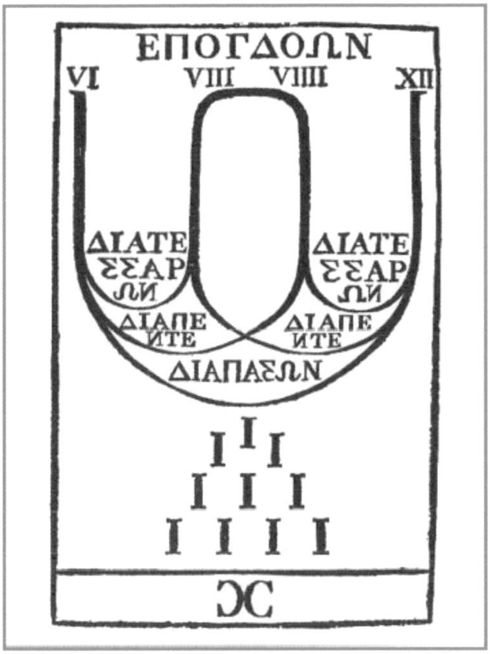

整數比。

彈過吉他的人可能會知道，如果將上述數學比例應用到弦的長度上，就會成為我們非常熟悉的和音。弦的長度比例為三比四時為 Fa 和 Do，二比三時為 So 和 Do，一比二時則相差八度。因此，*diatessaron* 代表四度，*diapente* 為五度，*diapason* 則是八度音階。畢達哥拉斯首次發現和音是用弦長度的整數比來推算，這幅畫則從視覺上展現了這個偉大的理論。因此，表達整數比的這幅畫呈現古希臘弦樂器里拉琴的形狀。

在畢達哥拉斯的比例中，數字一、二、三和四尤為重要。一是點，二是線，三是面，而四則是體。從整數的角色和這種和諧的發現來看，畢達哥拉斯認為世界的和諧面貌和運動都可以用數學比例來呈現。

圖的下方是用長條狀圖形拼成的三角形，三角形下面用羅馬數字寫著十。因為該三角形的結構是一加二加三加四，所以一共是十個長條狀圖形。這個三角形是畢達哥拉斯學派的獨特標誌，被稱為「四分法」（*tetraktys*）。這個名字來自古希臘語中的數字四「*tetra*」。用四個四角形填滿空格的著名遊戲「俄羅斯方塊」（tetris）中也有這個「*tetra*」。會取「四分法」這個名字是因為此圖形是由一、二、三和四四行數字組成的。如上所述，這是最重要的四個整數，這四個數字的總和就是完整的數字十。

這裡的數字四對畢達哥拉斯來說，在許多意義上都是非常重要的數字。點、線、面、體構成幾何學原理，土、火、水、氣是這個世界的基本元素，春、夏、秋、冬是自然原理，還有幼年、青年、壯年和老年，這個人生原理中也含有數字四。數字四對畢達哥拉斯學派的人來說是意義非常深長的數字，就像基督教的十字架一樣，是象徵其思想體系的符號。

從畫在小黑板上的畫可以看出畢達哥拉斯是非常重視「數字」的人。他是數字哲學家。對他來說，數字不是單純的計量工具，而是融入世界祕密的神祕原理。畢達哥拉斯認為要掌握世界，就必須掌握世界的和諧動向，想掌握和諧動向就必須了解其背後的數字原理。

畢達哥拉斯之後的西方文化史沿著他制定的框架發展，因為大家都想查明世界運行的數字原理。數學不是空洞的邏輯體系，而是由堅實的理論構成的真理。

事實上，除了這些與數字相關的故事之外，我想在這裡談談畢達哥拉斯的不同面貌。不是別的，就是關於「哲學」的面貌。大家知道意指哲學的英文單字「philosophy」源自何處嗎？就是本章的主角畢達哥拉斯創造的。「philosophy」一詞源自古希臘語「*philosophia*」。這裡的「*philos*」是愛的意思，「*sophia*」則是智慧。所以哲學通常被解釋為「愛智慧」。創造出這個歷史性字彙的人就是畢達哥拉斯。

當畢達哥拉斯被問到：「你究竟是誰」時，他回答：「我是熱愛智慧的人。」換句話說，他說自己是哲學家。對方第一次聽到這句話時，問了他這是什麼意思，畢達哥拉斯回答：「智慧的只有神，所以沒有任何人類能稱自己是智慧的。」

在古希臘，包含哲學家在內的許多學者被稱為「智慧人」（*sophoi*），但是根據畢達哥拉斯的說法，有限的人類無法擁有真理，只能熱愛真理。畢達哥拉斯如此回答的瞬間就是哲學誕生的時刻。

「對智慧的愛」，有些人會覺得這聽起來有些無聊且老套，但事實上這包含著值得深思的意義。我們什麼時候會喜歡某個東西，又是何時墜入愛河的呢？如果開始思考愛情的本質，我們會覺得愛非常複雜，但是仔細思考後，我們應該至少能篩選出一個愛情的基本邏輯條件，那就是我們不完全擁有我們所愛的對象。我們之所以追求並愛著某個對象，是因為對方不完全屬於自己。若對方完全屬於自己，那麼我們就無法區分對方和自己，這樣一來我們對他的慾望和愛就不會成立。

畢達哥拉斯首次創造「哲學」一詞，也就是「愛智慧」這個詞時，他想的就是這一點。我們之所以愛智慧，是因為我們不具備智慧。換句話說，「我是哲學家」這句話和「我沒有智慧」是一樣的意思，我們由此產生了對智慧的愛，也就是說，哲學不是肯定我們擁有智慧，而是否定我們有智慧的學問。

我們無法完全擁有的東西太多了，金錢、健康、權力、社會名聲等，我們缺少的東西太多了。

對你來說什麼東西最重要呢？你最難忍受缺少什麼東西呢？畢達哥拉斯對於「你是誰」的提問回答「我是哲學家」，這代表著在各種不足中，他覺得缺乏智慧是最痛苦的，並且認為解決智慧的缺乏是人生中最重要的事。哲學不僅僅是一門學問的名字，也與缺乏和生活價值觀有關，因此也是和生活態度有關的名字。

04

不可能踏入同一條河兩次

赫拉克利特

包括〈雅典學院〉在內，拉斐爾在梵蒂岡的畫作都是用所謂濕壁畫的手法繪製的。此手法是在牆上塗上石灰泥後，在乾燥之前用水溶性顏料作畫。這是義大利文藝復興時期非常流行的技法。

濕壁畫（*fresco*）是相當於英語「fresh」的義大利字彙。由於是在石灰泥乾涸之前的狀態下畫畫，所以取了這樣的名字。濕壁畫技法的優點很明顯，那就是石灰泥乾了之後，畫家的畫可以完全穩定地固定在牆上，所以畫作脫落或損壞的風險相對較低。對於掛在日常生活空間裡，而非放在博物館或美術館裡的畫來說，這個優點非常重要。

然而，這個技法也存在缺點，畫家必須在石灰泥乾掉之前畫好，換句話說就是要在短時間內完成畫作。另外，此技法無法像其他油畫一樣多次塗抹，所以也幾乎不可能修改，也因此畫濕壁畫的畫家們在牆上塗上石灰泥之前，都必須先非常精細地為自己的畫打草稿以確定構圖和人物，接著再將這張紙打洞，貼在要作畫的牆壁上，為濕壁畫的實際彩繪作業打造出輪廓。這個草圖的義大利語為圖稿（*cartoon*），意思是厚紙。今日，意指漫畫的英文單字

「cartoon」和代表著紙盒的「carton」都源自於此。

雖然圖稿有助於畫家提前整理自己的想法，但是要完成濕壁畫仍需要多人的輔助，所以圖稿也做為參與該項目者的共同工作指導手冊。眾所周知，拉斐爾曾和多名助手一起繪製梵蒂岡的這些濕壁畫，所以他不得不畫圖稿，以便向與自己一起工作的教宗等多名相關人士說明自己的詳細計畫，並徵求他們的同意。因此，圖稿對濕壁畫來說是必不可少的。幸運的是，拉斐爾為〈雅典學院〉所畫的圖稿被保留下來。

該圖稿與最終完成的〈雅典學院〉有幾乎相同的人物和構圖，但是中央的一名人物本來不在圖稿內，卻出現在完成的畫作之中，這名人物就是在畫作最前面托著下巴寫東西，並陷入沉思的男人。

這個人是誰呢？仔細觀察就會發現該人物的服裝非比尋常，紫色的衣服優雅地包裹他的身體，並且有著巨大的衣領，誇張的朱紅色靴子是用整張皮製的。這些服裝上的所有特點都不是古希臘的風格，畫中出現的其他人物大多穿著皺褶較多的寬鬆古希臘時代衣服，並且多半赤腳或穿著古希臘風格的涼鞋，只有中央這個人不是穿著古希臘服飾，而是穿著義大利文藝復興時期的服裝。另外，從他享受獨自思考的姿態可以看出他是一名特異的人物。

位於義大利米蘭盎博羅削圖書館（Ambrosian Library）內的〈雅典學院〉圖稿。

總之，拉斐爾後來畫了一位不在原本計畫內的人物，他不是古希臘人，而是與拉斐爾同時代的人，具有與學院的其他哲學家不同的來歷。那麼，這個人究竟是誰呢？

他畫的是米開朗基羅。米開朗基羅出生於一四七五年，比一四八三年出生的拉斐爾大八歲。米開朗基羅當時也應教宗儒略二世的邀請來到羅馬，正在繪製西斯汀禮拜堂的天花板。西斯汀禮拜堂是拉斐爾工作的教

宗辦公室旁邊的建築，今日則因為該地是天主教樞機主教們聚集在一起進行新教宗選舉會議（*Conclave*）而聞名。這座教堂的天花板被譽為米開朗基羅傑作中的傑作，他開始這項工作是在西元一五〇八年，也就是拉斐爾創作〈雅典學院〉大約一年前的事。

請想像一下，當代兩位天才藝術家就在相鄰的兩座建築物中各自致力於畢生力作。不是一兩天，也不只一兩個月，而是持續了幾年。

也許他們之間產生了競爭心，或是自己的工作相對被忽視時該怎麼辦的不安感。據悉，拉斐爾和協助自己的助手們一起工作，但是天生完美主義的米開朗基羅則不讓任何人進入，獨自埋首於天花板的繪製工作。

然而，某天負責建造聖彼得大教堂的伯拉孟特在米開朗基羅離開時，帶拉斐爾參觀西斯

汀禮拜堂的天花板。拉斐爾親眼看到了超出自己想像的巨大傑作，因而對偉大的藝術家米開朗基羅產生了極大的尊敬之情，所以拉斐爾走到進入完成階段的〈雅典學院〉面前，畫上不在原本計畫內的米開朗基羅，表達自己對他的敬意。因此，這個人物可能是〈雅典學院〉的眾多人物中拉斐爾最後描繪的人物。

拉斐爾以米開朗基羅為原型所

米開朗基羅完成的西斯汀禮拜堂天花板，西元1508～1512年。

描繪的古希臘哲學家為赫拉克利特（Herakleitos）。他於西元前五三〇年左右出生在今日土耳其西部海岸城市以弗所（Ephesus）。他是一位性格孤僻的哲學家，以隱居和冷笑聞名，在文藝復興時期，他因為悲劇性格而被稱為「哭的哲人」（Weeping Philosopher）。〈雅典學院〉中的他也露出陰沉且固執的表情。

不僅是柏拉圖和亞里斯多德，赫拉克利特也對黑格爾（Georg Wilhelm Friedrich Hegel, 1770-

1831）和尼采（Friedrich Wilhelm Nietzsche, 1844-1900）等西方哲學的開展發揮了非常重要的影響力。古希臘語中的「*panta rhei*」代表了他的哲學，這是「萬物在流動」的意思。

如果只依靠我們所看到、聽到和感受到的感覺，世界看起來似乎是穩定且沒有太大的變化的。山就是山，水是水，石頭只是石頭。然而，赫拉克利特強調永不變化和同一性是騙人的，即使我們看不見，世界也在不斷變化。山不可能永遠是同一座山，水不可能永遠是水，石頭也不會永遠是石頭，一切都是流動、變化、瓦解並重新創造的。

赫拉克利特用「太陽每一天都是新的」「人不可能踏入同一條河兩次」等名言強調世界的不斷變化。我們進到河裡出來後，再次進入的話，一開始踏入的河水已經流走了，浸濕我們身體的是新的河水。我們總認為萬物是固定不變的，但是赫拉克利特告訴我們不要被自己的感官所欺騙。

赫拉克利特還將時時刻刻都在變化的世界比喻成火，所以他提出廣為人知的名言：「萬物的根源是火。」還有什麼能比隨時都在改變形象，以可怕的氣勢燃燒的火更能表達變化？

但是赫拉克利特不只強調變化本身，還有貫穿變化的法則。赫拉克利特表示，雖然世界似乎無序地發展，但是變化是依據被稱為「邏各斯（*logos*）」的法則所形成的。

這位隱居的哲學家並未詳細說明邏各斯，但是他舉了一個例子，他說邏各斯如同弓箭或豎琴。弓身和弓弦，以及琴身和琴弦之間的相反力量是均衡的，如果弦太緊繃，整根都會折斷，反之，若扮演支撐功能的弓身和琴身太強，則無法呈現想要的形狀。世界的和諧就是這種相反力量之間的均衡，變化則是每個瞬間的均衡瓦解又產生的結果。因此，世界的變化是這些矛盾的東西相互推倒，回到自己位置而達成平衡狀態，又再度進入緊張和破壞的階段，並重新回到平衡的無限反覆過程。

據赫拉克利特所說，為了理解世界的變化，我們必須正確認識變化背後相反力量之間的均衡和不均衡。仔細觀察與變化相關的各種力量是如何相互作用，以及能否維持均衡和協調是哲學的本質和義務。

赫拉克利特不是只會說出像謎一樣的模糊話語，並憤世嫉俗看待世界的哲學家，而是明確說明在這個快速變化的時代，我們該如何接受這種變化的哲學家。赫拉克利特表示，如果想識破變化趨勢，就要正確理解其背後運作的衝突、對立及和解過程。緊張和對立不是需要消除的惡，而是世界的真面目，因為世界一直在變化。

05

矛盾也是我們的老師

巴門尼德

我們將視線轉移到赫拉克利特的左邊。這位翻開書正在說明些什麼的哲學家叫做巴門尼德（Parmenides），他在赫拉克利特旁邊不是單純的偶然。與主張變化的赫拉克利特不同，他認為變化和生成都是假的，只有永恆不動才是真實的存在。兩人幾乎活在同一個時代，但是提倡的哲學理論卻完全相反。

如果說赫拉克利特是「生成」（becoming）的哲學家，那麼巴門尼德就是「存有」（being）的哲學家。西方哲學這兩種不同的取徑時而激烈衝突，時而精妙地妥協。在〈雅典學院〉中，我們也看到了兩大哲學波濤相互衝撞的場面。

巴門尼德出生在今日義大利西部沿海城市伊利亞（Elea），我們推測他是在西元前五一五年左右出生，幾乎和赫拉克利特同時代。

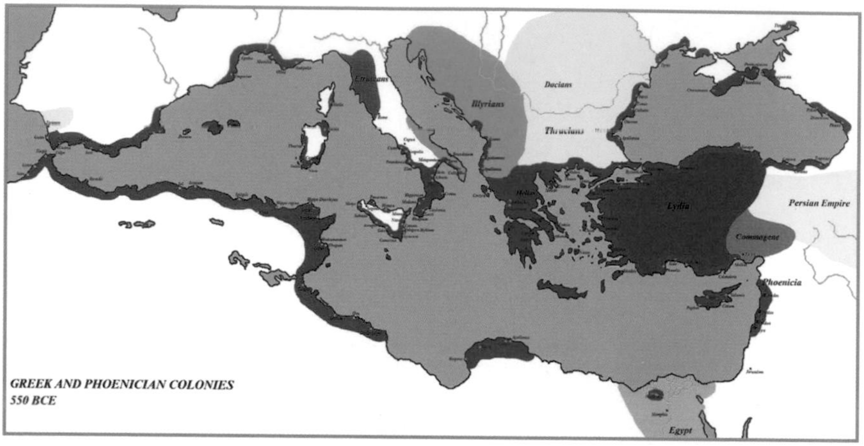

西元前550年左右希臘的殖民地，藍色是希臘人原本的領土以及他們所建立的殖民地。

西元前八世紀左右，古希臘人進入地中海各地方，建立了許多殖民地。他們以希臘為中心，往東進入黑海多個沿海城市，以及相當於今日土耳其地區的西部沿海城市和島嶼，並往西延伸至今日義大利半島的南部地區以及西西里島。因此，巴門尼德出生的城市當時是受希臘文化支配的地方。這個今日在義大利被稱為韋利亞（Velia）的小城市至今仍保留許多古希臘遺跡。在這座城市中，巴門尼德遇到了他最忠實的弟子芝諾（Zenon, 495-430 BC）。因此，他們的哲學以這個城市的名字命名，通常被稱為伊利亞學派（Eleatic School）。

巴門尼德的哲學理論基礎其實簡單得讓人驚訝，那就是「存在者存在，非存在者不存在」。也許這是一個理所當然又平凡的道理，但是仔細想想，其實沒那麼簡單。「存在者存在」這部分看起來沒什麼問題，但是「非存在者不存在」這句話是什麼意思呢？「非存在者」究竟是存在還是不存在？根據巴門尼德的說法，非存在，也就是我們稱之為「無」，本身在邏輯上不可能的概念。因為無就是什麼都沒有，所以完全不可能用言語來命名、思考和表達。依據巴門尼德所言，無是完全無意義的概念，這就是「非存在者不存在」的意思。

然而，變化或生成是以無，也就是不存在的某種東西為前提才有可能實現的概念。因為，無論我們要改變什麼，都必須要先有原本的本質，再否定該本質才有可能實現變化。巴門尼德否定「無」，所以也否定運動、生成和變化。存在只是存在，存在成為非存在，或非存在成為存在邏輯上都是不可能的。另外，他認為「可分性」在邏輯上也是不成立的，因為這也要以存在的裂痕，也就是不存在為前提。

我們很難馬上就接受巴門尼德的邏輯開展，因為事物會出現和消失是我們的常識，這些都不假，但是巴門尼德認為這樣的想法是可笑的，他是在非存在及無是不可能的前提下有力地開展自己的理論。

巴門尼德留下的文章與那個時代的其他哲學家相比相對完整。他以嚴謹的韻文形態敘事詩寫出自己的哲學。

他區分了真理和虛假之路，以及存在和非存在之路，並強調我們的思維要沿著真理和存在的道路前進。思考就像走路，與巴門尼德一起散步不會對目的地在哪裡而感到不安，也不會不負責任地暫時脫軌到路旁的草原尋樂。他鼓勵我們大膽地按照邏輯真理的引導前進。

巴門尼德這種否認變化和運動的勇氣，也清楚體現在他卓越的哲學繼承者芝諾的主張中。芝諾是強烈擁護老師巴門尼德的哲學家，他透過各種悖論證明運動、變化和可分性在邏輯上無法成立。

在他的各種悖論中，「阿基里斯與烏龜」最廣為人知。他表示，若烏龜先起跑，飛毛腿阿基里斯（Achilles）就絕對追不上烏龜。阿基里斯是誰？他是荷馬（Homer）史詩《伊里亞特》（*Iliad*）中希臘最優秀的將領之一，那樣的人居然追不上烏龜？

芝諾的說明如下。如果烏龜先起跑，阿基里斯想要到達烏龜原本所在的地方即使很容易，也需要時間，那麼這段時間烏龜也會稍微向前移動，當阿基里斯再次到達烏龜本來的位置，烏龜又會在這段時間前進一點點，這個過程會一直重複，所以芝諾主張阿基里斯永遠追不上烏龜。

悖論（paradox）這個詞是由具有逆、反對及否定之意的「*para*」，以及意指看似像樣想法的「*doxa*」結合而成的單字。因此，這個詞的意思是推翻了理所當然、合理且所有人都認為正確的理論。他之所以提出這種悖論，是為了強調當我們認為變化是真實存在的瞬間，我們就會陷入悖論。提出某種主張存在的問題是很容易的事，但是推論到底是哪些地方不合理，並證明為什麼卻沒有想像中簡單。

巴門尼德和芝諾將自己的邏輯貫徹始終，即使與一般人的常識相衝突，或是得出不合理的結論，只要邏輯沒問題，就堅決堅持自己的邏輯。巴門尼德之後，很多人為了從邏輯上反駁並證明他主張的錯誤而創造了多種理論。德謨克利特（Democritus, 460-370 BC）的原子論（Atomism）和柏拉圖的理型論（theory of forms）都是這種理論戰中的產物。特別是柏拉圖單獨撰寫了名為〈巴門尼德〉的對話篇，並在其中透過縝密的邏輯論證挑戰巴門尼德堅固的理論體系。從這個意義上來說，巴門尼德和芝諾的悖論是使西方哲學變得非常豐富的重要契機。

〈雅典學院〉中的巴門尼德翻開自己寫的書，正在向畢達哥拉斯說明，但是畢達哥拉斯似乎沒在聽他說。巴門尼德暗沉的臉以及略顯憔悴的鬍子使他看起來更加孤獨。然而，因為巴門尼德勇敢地按照自己的邏輯向前走，所以我們可以理解這種孤獨，因為勇氣有時會讓人感到孤單。

哲學既非主張，也非拒絕，而是詢問主張和拒絕的依據。依據和理由就像進入哲學領域的入場券，所以無論是悖論還是詭辯，不管是矛盾還是不合理，世界上沒有任何東西應該打從一開始就被排斥。若一個理論具有難以拒絕的根據，就應該欣然接受，並與之進行邏輯論戰。

看似不合理的主張並不代表毫無價值，這種主張大多會鑽我們想法的漏洞。因此，仔細審視那些感覺不合理的主張，並認真與其爭論，就能讓我們原本的想法更加豐富多彩。不僅是合理性，不合理和矛盾有時也是我們的老師。

06

開啟新的哲學傳統

蘇格拉底

請各位將原本停留在畫作左邊的視線移往上面。身穿深綠色衣服的粗獷學者身邊聚集了許多正在談論些什麼的人。這名哲學家就是有名的蘇格拉底（Socrates）。雖然有些學者對此有異議，但是我認為這名哲學家應該是蘇格拉底沒錯。

首先，他的臉是關鍵。蘇格拉底不怎麼優雅的外表在當代就十分有名。在充滿哲學家和哲學理論激烈競爭的哲學史上很少提及特定哲學家的外貌，但是蘇格拉底是個例外。他驚人的醜陋在當代和後世都廣為人知，甚至連他忠實的弟子柏拉圖也記錄了這一點。當然，這之中也許有誇飾的部分。無論如何，拉斐爾描繪的鷹勾鼻、突出的眼睛和禿頭，都忠實再現了蘇格拉底智慧、堅毅，卻不太帥的傳統形象。

我推測這個人是蘇格拉底的第二個理由是，他正在認真地談論，而在表情真摯的蘇格拉底面前，有四個人正在聽他說話，散發出一個人召集多人到場的氛圍。在這群人中，頭戴頭盔並著軍裝的人物是阿爾西比亞德斯（Alcibiades, 450-404 BC），他比蘇格拉底小二十歲左

右，是雅典的政治家兼將軍，也是蘇格拉底的狂熱忠實追隨者之一。

在整幅〈雅典學院〉中，蘇格拉底是唯一直接向他人講述的人物。對蘇格拉底來說，哲學不是文字，而是語言。他不是藉由書和文章，而是在雅典吵雜的廣場「阿哥拉」（Agora），透過與人們交談的生動話語來展開自己的哲學。蘇格拉底是一位聽取他人意見、提出問題、傾聽對方回答、再次提出自己的問題，並且不斷對話的人。

眾所周知，蘇格拉底沒有自行留下任何文字紀錄，我們現在能談論蘇格拉底的哲學，是藉由包括他的弟子柏拉圖在內的同時代其他人物記錄了蘇格拉底的各種對話。也許有人認為，在他活躍的西元前五世紀，人們普遍不會留下文字，但是我想告訴大家，執筆多達三十多本龐大對話錄的柏拉圖僅小蘇格拉底四十歲。蘇格拉底是有意識這麼做，也就是說他不刻意留下文字是因為他並非文字的哲學家，而是語言的哲學家。

究竟為什麼會那樣呢？為何曾轟動雅典的大哲學家會連一篇文章都沒有留下呢？

因為蘇格拉底不相信文章和文字。他認為人類無法擁有絕對真理，只能謙遜地跟隨並追求真理。但是文章的性質為何？文章具有向他人說明自己所知真理的特性，所以他拒絕寫作，並走上街頭。他認為透過與人對話的哲學討論和對方一起一點一點地行動，這對共同走向正確的真理之路非常重要。教導的人和學習的人沒有分別，大家要一起面對面集思廣益，因為我們都不是神，只有神才擁有真理，人類只能模糊地揣測並追求真理。

他所說的「認識你自己」的核心就在這裡。我們一刻也不能忘記人類是有限的，所以我們無法擁有絕對真理，也擁有不能成為神的命運。

這句話雖然是象徵蘇格拉底哲學最具代表性的句子，但是這句話並不是他創造的，這是

賈克・路易・大衛（Jacques-Louis David, 1748-1825），〈蘇格拉底之死〉（*La Mort de Socrate*），1787年。畫中蘇格拉底的手指與〈雅典學院〉中柏拉圖的手指相似。

當時刻在古希臘德爾菲神殿入口的話，德爾菲（Delphi）是位於雅典西北部約一百五十公里處的城邦。

德爾菲當時被認為是「世界的肚臍」，意思是位處世界中心非常神聖的地方。「認識你自己」這句話刻在德爾菲的神殿裡，代表著這句話是支配古希臘人精神的最具代表性的價值之一，而蘇格拉底將這句話當作自己哲學的核心。

但是或許也因為這個信念，蘇格拉底

迎來了死亡。西元前四六九年生於雅典的他在七十歲那年，也就是西元前三九九年去世。他去世的原因眾所周知。他被一群人告發，並在受審後被判處死刑，服了毒藥後，在監獄裡冷冷地死去。

該審判是人類歷史上最著名的審判之一，整個過程被完整記錄在蘇格拉底的弟子柏拉圖的著作《蘇格拉底自辯篇》。蘇格拉底被舉報的罪名是「褻瀆雅典眾神，毒害年輕人思想」，這兩者均瞄準了蘇格拉底追究生活中所有問題的哲學實踐，蘇格拉底對人們的宗教和道德信念提出了批判性問題，並告訴年輕人不要單純學習雅典社會的傳統價值，而是要自己思考。他說：「未經檢視的人生不值得活。」

身為被告站在法庭上的蘇格拉底詳細講述了自己的哲學和過去的生活。他為了尋求人生各種問題的答案，找到當時被認為有學問的人們學習，並在此過程中自己得到領悟。換句話說，對於生活的根本問題，沒有人有完美的回答。因此，他強調真正的智慧需先領悟並承認自己的無知。這就是蘇格拉底悖論「我知道我什麼都不知道」的意思。

蘇格拉底所具有的這種性質，與我們之前所提的畢達哥拉斯、赫拉克利特和巴門尼德非常不同。如果說在蘇格拉底之前，哲學主要集中在探索世界本質的宇宙論（Cosmology）或形上學（Metaphysics）的主題上，那麼到了蘇格拉底的時代，則是針對人類生活的問題提出思維的方向。羅馬時代的哲學家西塞羅（Cicero, 106-43 BC）對蘇格拉底做出了如下的評價。

「蘇格拉底是第一個將哲學從天上引到人間的人，他在城市裡闢出哲學的位置，甚至把哲學帶到家裡。因為蘇格拉底，哲學開始探索生活、倫理和善惡。」

由此我們可看出，古希臘的哲學在蘇格拉底前後有了明顯區別。蘇格拉底之後的故事我們都很清楚，他培養出柏拉圖，柏拉圖的學生是亞里斯多德。以蘇格拉底的哲學為基礎出現了墨伽拉學派（Megarian school）、犬儒學派（Cynicism）和昔蘭尼學派（Cyrenaics）等，並且最終在希臘化時代產生了伊比鳩魯學派（Epicureanism）和斯多噶學派（Stoicism）。西方的古典哲學是從蘇格拉底開始，藉由詢問蘇格拉底開展出不同的學派，並再次回到其哲學的循環，因此蘇格拉底是西方哲學的鼻祖。

「認識自己」是對自己的嚴厲審判，所以很多人會認為這是對自己進行殘酷智慧鞭策的意思，然而，我認為這也是安慰並照顧自己的話語。蘇格拉底之所以高喊「認識你自己！」可能是因為他認為人生的主人是自己，所以人生的最大課題就是溫暖地審視自己。哲學就是反思自己的不足，並透過與他人的對話逐漸彌補不足。

「認識自己」這句話是指出人類有限性的痛徹忠告，也是為什麼我們要和他人一起生活的精準說明，更是將我們的視線轉移到生活目的的溫暖勸告。

07

理想與現實

柏拉圖和亞里斯多德

現在，該把視線轉移到這幅畫最重要的部分了，這裡的眾多人物中，沒有人能比得上處於畫面中間的兩位著名人物。

畫面中央站著的兩個人與其說是站著，不如說是慢慢走向我們，任何人看了都能明白他們是〈雅典學院〉的主角。更何況，這兩人周圍排列著其他學者，顯得他們的權威更加突出。有些學者甚至認為，其他哲學家只不過是進一步突顯兩人地位的輔助人物而已。此外，這兩位主角正好位於透視圖法中的消失點位置。

這兩位就是眾所周知的柏拉圖和亞里斯多德，他們在古希臘哲學中占據著最核心的位置，所以理所當然位於〈雅典學院〉最重要的正中央位置。

這對年紀相差較大的師生是畫作的核心，柏拉圖生於西元前四二七年，亞里斯多德則生於西元前三八四年，兩人相差四十三歲，也就是說，如果拉斐爾描繪的是三十歲的亞里斯多德，那麼畫中的柏拉圖就是七十三歲。

這兩人的姿勢最顯眼的是他們右手的動作。柏拉圖用手指著天空，亞里斯多德則把手掌伸向地面。這是廣為人知的著名動作。柏拉圖是重視「理想」的哲學家，亞里斯多德則是強調「現實」的哲學家。這可以分別用外在和內在，或者上升和下降來表現。

這種對比手法也出現在兩位哲學家的腳上。柏拉圖赤腳，腳後跟稍微抬起來，是輕輕鬆鬆踩著地面跳起來的姿勢，所以穿鞋反而礙事。相反地，亞里斯多德穿著涼鞋，腳踩在地板上，與整齊朝向前方，具有動態感的柏拉圖雙腳不同，亞里斯多德的腳以適當的角度張開，給人親切舒適的感覺。

兩人的衣服也出現這樣的對比。正如掛在天花板上，象徵哲學的「圓形藝術品」所體現的，兩人的衣服總共有四種顏色。首先，柏拉圖穿著紫色和朱紅色的衣服，這兩種顏色傳統上分別象徵著氣和火，也帶有往上升的屬性，非常適合上升的哲學家柏拉圖。相反地，亞里斯多德的衣服是藍色和褐色，分別代表著水和泥土，這兩者與氣和火不同，都具有向下流動的屬性。

氣、火、水、土在古代是被稱為萬物之源的『四元素』。自從西元前五世紀的哲學家恩培多克勒（Empedocles）稱這四元素為萬物之四「根」（*rhizomata*）以來，人們對這四元素的信念在近兩千年的時間裡一直強烈主宰著西方文化。

在〈雅典學院〉中，拉斐爾也依據這一傳統信念將柏拉圖和亞里斯多德分別呈現為上升和下降的哲學家。拉斐爾在手、腳、服裝和哲學家手拿的物品上細緻地區分了兩人對比的傾向。

兩人的左手也清楚呈現出理想和現實，以及上升和下降這兩個對比方向。柏拉圖左手拿著書，使書垂直，與此相反，亞里斯多德則水平拿著書。也就是說，拉斐爾在此藉著兩人左手拿著的書籍進一步強調右手所指的方向。亞里斯多德拿著書的姿勢其實多少有些不自然，從拉斐爾呈現這點來看，他似乎非常重視拿書的方向。

然而，事實上比起書的角度，更重要的是書的主題和內容。柏拉圖手中的書是「*TIMEO*」。這是名為《蒂邁歐篇》（*Timaios*）對話篇的義大利名稱。柏拉圖晚年著述的這本書包含了他遠大的形上學和宇宙論。在柏拉圖的眾多著作中，沒有比這更適合表現上升的哲學和理想主義哲學的對話篇了。更何況，該對話篇對文藝復興時期盛開的新柏拉圖主義（Neo-Platonism）的形成起了非常重要的作用。拉斐爾從柏拉圖的眾多對話篇中選擇這本書也是出於這個原因。

相反地，亞里斯多德用右手稍微遮住了書名。這本書上寫著「*ETICA*」這個義大利書名，這是《倫理學》（*Ethica*）。與形上學不同，倫理學詢問我們在現實中該如何行動和生

活。在這裡，柏拉圖被描繪成探索另一邊世界的哲學家，亞里斯多德則被描繪成關注我們身處世界的哲學家。總之，柏拉圖是典型的理想主義（idealism）哲學家，亞里斯多德則是現實主義（realism）哲學家。我之前在說明天花板「圓形藝術品」時說過哲學傳統領域是自然和道德。柏拉圖描述宇宙論的《蒂邁歐篇》，以及亞里斯多德講述道德的《倫理學》精準地體現了哲學的兩個傳統領域。

事實上，柏拉圖和亞里斯多德是在許多方面形成鮮明對比的哲學家。柏拉圖的文體非常自由且充滿文學性，所以他的著作裡充滿了相互矛盾的論述，也因此我們在閱讀柏拉圖的著作時，必須釐清背景、文脈和主題。柏拉圖的文本允許多種解讀，甚至有人認為沒有柏拉圖哲學這樣的東西，只有《理想國》（*Politeia*）和《蒂邁歐篇》中出現的柏拉圖哲學才是探索與柏拉圖意圖相匹配的合適主題。由於解讀的空間很大，所以才誕生了各種各樣的柏拉圖學派。

相反地，亞里斯多德是非常有邏輯的人，雖然要完全了解他精緻的論證並不容易，但是也很難出現與他的想法有極端對比的多種解讀，因為亞里斯多德非常明確地陳述自己的想法，所以亞里斯多德的學生們主張只有自己正確代表老師的想法，相互競爭的情況比柏拉圖的弟子少。

眾所周知，亞里斯多德是柏拉圖的學生，但是兩人為何走上了完全不同的路呢？以下的拉丁文句子可以清楚簡潔地傳達亞里斯多德對柏拉圖的想法。

「*Amicus plato, sed magis amica veritas.*」

「吾愛吾師，但吾更愛真理。」

亞里斯多德想表達的是雖然柏拉圖是自己的老師，但是他的哲學存在缺點，所以與其照搬老師所有的東西，不如走自己認為的真理之路。

實際上，亞里斯多德在自己的各著作中尖銳地批評了柏拉圖哲學所具有的理想主義傾向。亞里斯多德重視經驗多於思考，看重現實，並強調多元，而非一元化的思維方式。這當然不是件容易的事，對亞里斯多德來說，柏拉圖是比自己的父親年長的老師。儘管如此，亞里斯多德還是堅定地走自己的路，他的弟子們也踏上了與柏拉圖弟子不同的哲學道路，於是形成了柏拉圖主義（Platonism）和亞里斯多德主義（Aristotelianism）兩大潮流，並支配了西方哲學兩千年。

柏拉圖和亞里斯多德站在〈雅典學院〉的中心，說明這兩人在西方古代哲學占有絕對的重要性。上升和下降是哲學最重要的兩個主旋律。理想主義哲學和現實主義哲學的相互競爭則構成了西方的哲學史。世界上有理想主義者，或偏好理想主義的人，也有現實主義者，或對現實主義有好感的人。

你比較接近理想主義者，還是現實主義者呢？這個問題也是在問你是柏拉圖主義者，還是亞里斯多德主義者呢？這兩者可以說仍是當今世界運轉的兩個主要觀點，哲學的主題至今並沒有太大變化，因為人類生活的本質沒有改變。哲學戰勝了時代的潮流，這就是為什麼今天我們仍然學習古典哲學。

08

哲學與政治的相遇

柏拉圖

「如果要簡單概括歐洲哲學的歷史，那就是對柏拉圖哲學的註腳。」

英國哲學家懷海德（A. Whitehead, 1861-1947）這句名言突顯了柏拉圖在西方哲學史上的意義。換句話說，在西方悠久哲學史上的所有哲學家，最終都可以簡單地分為「柏拉圖和其他哲學家」，更何況，寫哲學史本文的人只有柏拉圖，「其他哲學家」都只是對此補充自己的意見，從這層意義上來說，他們並不是從內容上規定哲學歷史的人。無論是繼承柏拉圖還是批判他，西方的哲學史都放在他已經制定的傳統框架內。

然而，從〈雅典學院〉來看，拉斐爾至少比懷海德更沉穩地表達了柏拉圖的地位，他將柏拉圖和亞里斯多德兩人畫在正中央。

柏拉圖在西元前四二七年左右出生於古希臘的雅典，並於西元前三四八年去世。他留下

拉斐爾以文藝復興時期閃耀的前輩藝術家達文西為原型畫柏拉圖。左邊是拉斐爾在〈雅典學院〉中畫的柏拉圖肖像，右邊是達文西在60歲左右畫的自畫像。

了三十多本龐大的著作。古代哲學家們留下的大部分著作都遺失了，但是柏拉圖的著作並非如此，他的所有著作都保留下來，這是非常幸運的事。後代學者們的課題是需要分辨借用他權威和名聲的贗品。

柏拉圖的著作是用對話體所寫，可以說是哲學戲劇，這是柏拉圖有意識選擇的書寫模式，因為他最重要的目標之一，是盡可能完整且生動地記錄老師蘇格拉底的哲學，所以沒有比對話體更合適的文體了。柏拉圖的著述是由蘇格拉底與其他幾位同事的生動對話所組成。

年輕時遇到哲學老師蘇格拉底改變了柏拉圖的一生。蘇格拉底被起訴，接受審判並喝下毒藥是在西元前三九九年，也就是柏拉圖二十八歲時發生的事。此後，他把記錄並傳播蘇格拉底的哲學，同時使哲學發展更加豐富，當作自己的使命。

當然，隨著柏拉圖從中期過渡到後期，蘇格拉底在對話篇中所扮演的角色逐漸變淡，這說明他越來越獨立。然而，做為偉大哲學家蘇格拉底忠實學生的想法仍一直延續到最後。

更進一步來說，對話體這個文章形式也最能體現蘇格拉底和柏拉圖共有的哲學理念。哲學真理——如果真有這樣的東西——絕不是能用單方面的演講或授課來傳達的。因為那不可能是任何個人在自己主觀內在私人擁有的東西，所以也無法以語言或說明的形式傳達給他人。

我們都是有限的存有，當我們面對面碰撞彼此的想法，探索正確的方向時，真理會奇蹟般地出現，這就是哲學真理能夠降臨到我們身上的唯一途徑。

如果我們想開始探討柏拉圖的哲學，就要先談論雅典的民主主義。柏拉圖所處的古希臘雅典城邦是民主社會，那個社會的成員們會聚在一起討論並決定共同體的重要事務，選出負責國政的代理人來營運國家。在這樣的社會裡，在各種聚會和集會上合理地向他人說明自己的意見並說服的能力比什麼都重要。

當時的雅典出現了教育市民們這種能力的教師集團，這些人被稱為「詭辯家」（sophist），他們以相對主義（relativism）為思想背景。他們的立場是每個人的意見均不同，人人都必須遵循的絕對真理並不存在。民主培養了相對主義，因為在這樣的環境下，真理是由多數決決定的。民主主義和相對主義及詭辯家一起成長。

由於這種不存在絕對真理的價值觀，詭辯家們往往只靠金錢行動，他們從某人那裡收錢，並教導那個人，如果出現了給更多錢的人，即使立場相反，他們也會馬上去教對方想聽的東西，並提供符合對方立場的政治信念。在金錢的驅使下，詭辯家們不追究當事人的意見是否正確，而是從相對主義的觀點出發，只專注於教育對方演講的技術能力。

有人抵抗這種社會氛圍，那個人就是柏拉圖的老師蘇格拉底。柏拉圖繼續走在老師蘇格拉底走的道路上，他批判相對主義，並表示有所有人都不得不認可的客觀真理。

柏拉圖認為多數倫理道德都不能由個人的喜好決定，什麼樣的社會是正義的，何謂有道德的社會，雖然每個人和不同文化的社會都有不同的意見，但是最終還是有所有人都不得不同意的正義和道德社會結構，柏拉圖也為探索這些獻出了畢生精力。

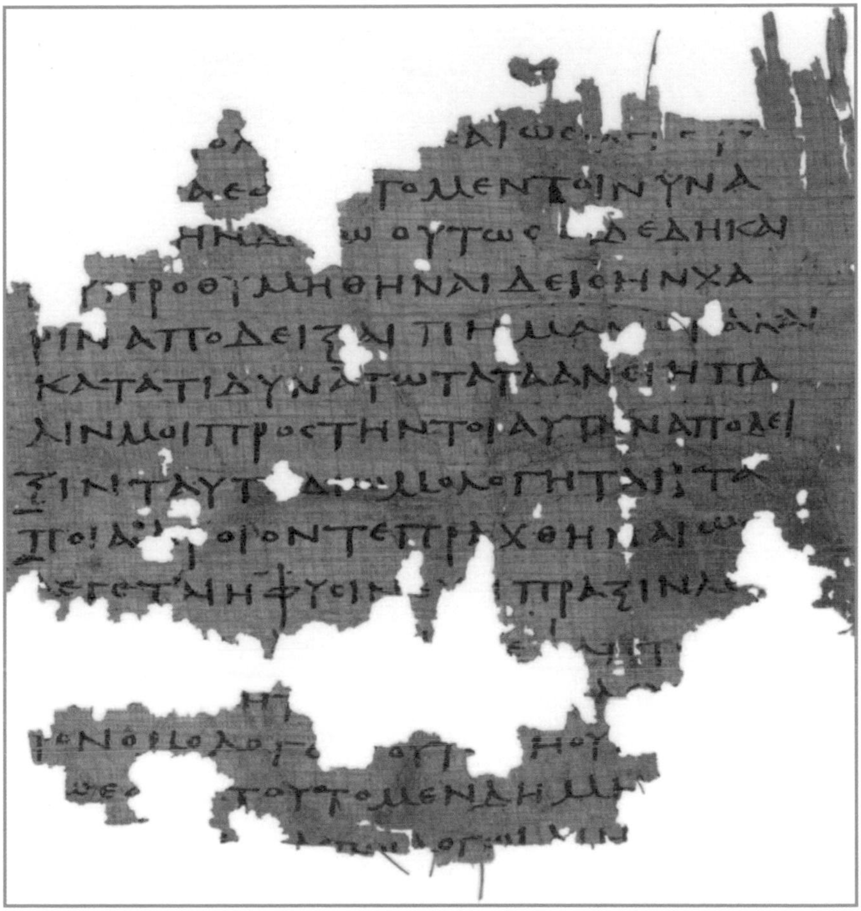

寫有柏拉圖《理想國》部分內容的俄克喜林庫斯（Oxyrhynchus）莎草紙，西元3世紀左右。

在拉斐爾畫中，柏拉圖拿著的書是《蒂邁歐篇》，但是從柏拉圖哲學的文脈來看，其最重要的著作應該是《理想國》。在這本書中，他從各層面詳細描述自己認為的理想國家樣貌，其中最重要的主張是國家應由最有智慧的人統治。

「唯有哲學家成為君主，或君王充分通曉哲學，政治權力與哲學才能合而為一……對人類來說，壞事不可能終結。」

共同體應該由最高的知識和智慧建構並維持，這是最平凡，但卻是核心的真理，同時也能彌補民主的致命弱點。多數人的決定是真理，但是有時多數人的決定也必須遵循真裡。透過協議建構真理，藉由真理建構協議，柏拉圖在《理想國》中探索這兩個課題。這當然不是件容易的事，但也並非不可能，所以人們稱此為「理想主義」。

理想主義是對目標的態度，之所以受到批判，是因為它被誤認為是對現實的態度。我們在設定目標時，會用長遠的眼光制定藍圖，這是極其正常也必不可少的事。把理想的尺度放在現實上，對被賦予的情況感到悲傷或責備的心態，才是與真正的理想主義相去甚遠的態度。理想主義者對於自己的目標現在能否在這裡實現並不感興趣，因為他們的視線現在沒有投向這裡，他們是看著他方的人，能不能去到那個地方也不重要，因為這種可能性能否實現並不是他們關心的問題。他們只是走路的人，努力的人，划船的人。

烏托邦（utopia）是指「不存在任何地方的國度」。我們所有人夢想的美麗共同體以及幸福的人生都不存在任何地方。然而，由於這些缺失，我們的夢想、理想和努力反而具有意義。航海的人不會只看著眼前的海浪走，他們會在腦海中描繪著看不見的目的地，並一點一點地前進。理想主義是所有懷著夢想生活的人的哲學。

09

一隻燕子的出現
不代表春天的來臨

亞里斯多德

和柏拉圖一起站在〈雅典學院〉正中央的是亞里斯多德，在哲學史中，亞里斯多德的影響力絕不亞於他的老師柏拉圖。

他的哲學在中世紀到文藝復興的很長一段時間內是絕對的權威，並成為支配整個西方學問的模式。特別是中世紀的基督教教會以亞里斯多德的哲學為框架，並在此基礎上建構了思辨的教義。安伯托・艾可（Umberto Eco, 1932-2016）的著名小說《玫瑰的名字》（*Il nome della rosa*）充分展現了在中世紀，亞里斯多德這個名字多具有的絕對權威。經院哲學（Scholasticism）的代表性神學家湯瑪斯・阿奎那（St. Thomas Aquinas, 1225-1274）在其著作中稱亞里斯多德為「哲學家」（the Philosopher），至於其他哲學家則引用他們原有的名字。

亞里斯多德於西元前三八四年出生於希臘北部的史塔吉拉（Stageira）。他和家人在他十七歲時移居雅典，所以他很快就進入了柏拉圖建立的學院，並在那裡學習了約二十年。

柏拉圖去世後，學院校長一職不是由最卓越的弟子亞里斯多德擔任，所以他離開了雅典，並擔任希臘北部馬其頓出身的世界史英雄亞歷山大大帝（Alexander the Great, 356-323 BC）的私人老師。後來他在西元前三三五年再次回到雅典，成立了自己的學院「呂克昂」（*Lykeion*），培育弟子並與同事們一起研究哲學等多種領域的學問。他在西元前三二二年，六十二歲時於雅典去世。

正如柏拉圖的哲學必須從和蘇格拉底的關係中理解一樣，亞里斯多德的哲學也需要從他與柏拉圖哲學關係中才能正確了解。蘇格拉底與柏拉圖的關係其實相對單純。

蘇格拉底去世時，柏拉圖才二十八歲。此後，柏拉圖與蘇格拉底的其他弟子進行哲學工作時，有時競爭，有時合作，但是無論如何，老師蘇格拉底都已經不在了，所以他相對容易脫離老師的影響。相反地，亞里斯多德的情況並非如此，雖然他與柏拉圖相差四十三歲，但是二十多年來他一直在制度性的學校裡接受柏拉圖的指導。當然，這個時期的亞里斯多德並非單純學習柏拉圖哲學的被動學生，他已經建立了自己的思想體系，並展現出獨立思想家的面貌。

然而，正如我前面所提，柏拉圖學院不是由亞里斯多德，而是由別人繼承的，亞里斯多德也在重返雅典後建立了自己的學院，獨自展開哲學活動。當時，柏拉圖的弟子們經營的學院無論在規模還是影響力上，都在雅典擁有相當程度的地位。因此，亞里斯多德無論是在柏拉圖生前還是死後，都與他保持著相當緊張的關係。柏拉圖學院位於雅典西北側，亞里斯多德的呂克昂學院則位在東南側，這種對角線結構也象徵性地呈現出這種緊張。

在〈雅典學院〉中，亞里斯多德拿著自己的著作《倫理學》。他的著作十分多樣，從非常抽象的形上學或邏輯學，到詳細記錄動植物的觀察記。拉斐爾則將《倫理學》選為亞里斯

羅馬時代用大理石複製了西元前4世紀古希臘雕刻家利西波斯（Lysippos, 390-300 BC）的亞里斯多德半身像。

多德的代表性著作。

亞里斯多德是將「倫理學」領域獨立出來的哲學家，身為倫理學者，他的理論也充分展現出他對柏拉圖哲學的嚴厲批判。首先，根據他的說法，數學等理論學問才可以實現嚴謹的真理，但是涉及我們生活領域的倫理學等實踐性學問不可能達到這種嚴謹性。然而，柏拉圖之所以陷入理想主義，是因為他相信並追求在現實領域也可以像理論領域一樣進行嚴謹的學問。亞里斯多德認為觀念世界和現實世界是不同的，現實的問題要以實事求是的態度來解決。這是「倫理學」成為獨立領域的關鍵。

亞里斯多德對柏拉圖的第二個重要批判如下。亞里斯多德認為一個單字並不只具有完全確定的單一意義。

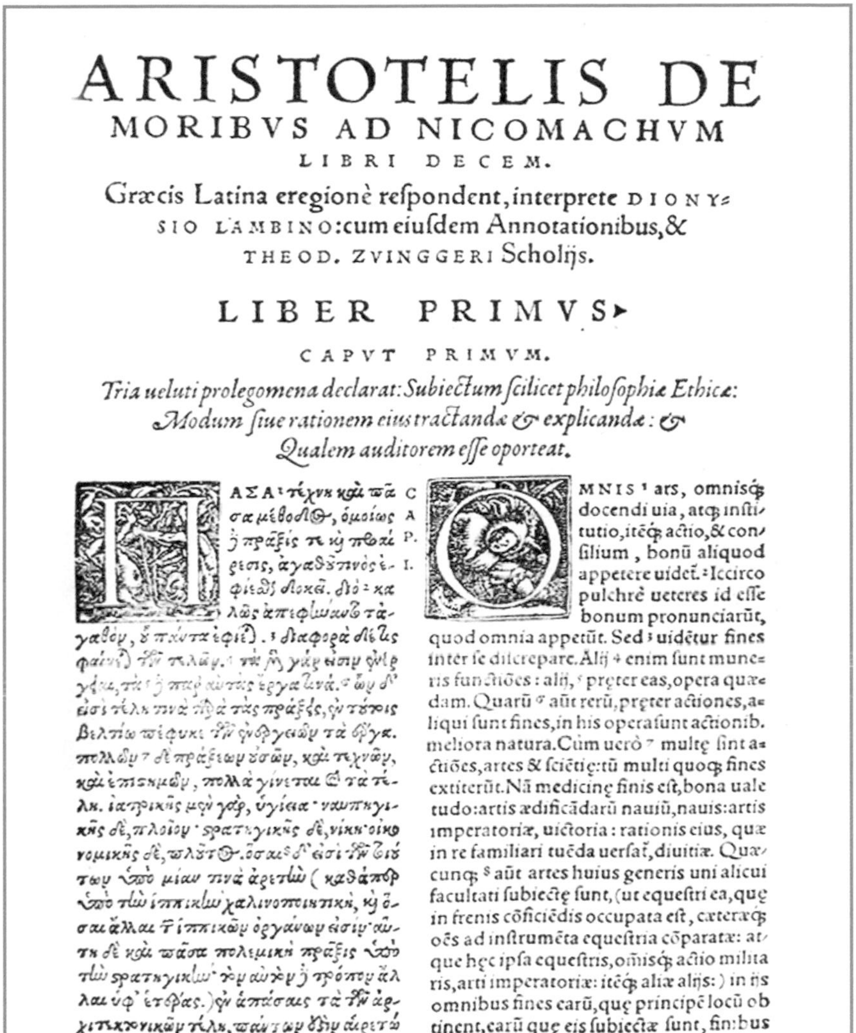

ARISTOTELIS DE MORIBVS AD NICOMACHVM LIBRI DECEM.

Græcis Latina eregionè respondent, interprete DIONYSIO LAMBINO: cum eiusdem Annotationibus, & THEOD. ZVINGGERI Scholijs.

LIBER PRIMVS.

CAPVT PRIMVM.

Tria ueluti prolegomena declarat: Subiectum scilicet philosophiæ Ethicæ: Modum siue rationem eius tractandæ & explicandæ: & Qualem auditorem esse oporteat.

ΠΑΣΑ [1] τέχνη καὶ πᾶσα μέθοδος, ὁμοίως δὲ πρᾶξίς τε καὶ προαίρεσις, ἀγαθοῦ τινὸς ἐφίεσθαι δοκεῖ. διὸ [2] καλῶς ἀπεφήναντο τἀγαθὸν, οὗ πάντα ἐφίεται. [3] διαφορὰ δέ τις φαίνεται τῶν τελῶν. τὰ μὲν γάρ εἰσιν ἐνέργειαι, τὰ δὲ παρ' αὐτὰς ἔργα τινά. ὧν δ' εἰσὶ τέλη τινὰ παρὰ τὰς πράξεις, ἐν τούτοις βελτίω πέφυκε τῶν ἐνεργειῶν τὰ ἔργα. πολλῶν δὲ πράξεων οὐσῶν, καὶ τεχνῶν, καὶ ἐπιστημῶν, πολλὰ γίνεται καὶ τὰ τέλη. ἰατρικῆς μὲν γὰρ, ὑγίεια· ναυπηγικῆς δὲ, πλοῖον· στρατηγικῆς δὲ, νίκη· οἰκονομικῆς δὲ, πλοῦτος. ὅσαι δ' εἰσὶ τῶν τοιούτων ὑπὸ μίαν τινὰ ἀρετὴν (καθάπερ ὑπὸ τὴν ἱππικὴν χαλινοποιητικὴ, καὶ ὅσαι ἄλλαι τῶν ἱππικῶν ὀργάνων εἰσίν· αὕτη δὲ καὶ πᾶσα πολεμικὴ πρᾶξις ὑπὸ τὴν στρατηγικήν· τὸν αὐτὸν δὴ τρόπον ἄλλαι ὑφ' ἑτέρας.) ἐν ἁπάσαις τὰ τῶν ἀρχιτεκτονικῶν τέλη, πάντων ἐστὶν αἱρετώ-τερα

CAP. I.

OMNIS [1] ars, omnisq; docendi uia, atq; institutio, itemq; actio, & consilium, bonū aliquod appetere uidet. [2] Iccirco pulchrè ueteres id esse bonum pronunciarūt, quod omnia appetūt. Sed [3] uidetur fines inter se discrepare. Alij [4] enim sunt muneris functiões: alij, [5] prȩter eas, opera quædam. Quarū [6] aūt rerū, prȩter actiones, aliqui sunt fines, in his opera sunt actionib. meliora natura. Cùm uerò [7] multȩ sint actiões, artes & sciētiȩ: tū multi quoq; fines extiterūt. Nā medicinȩ finis est, bona ualetudo: artis ædificādarū nauiū, nauis: artis imperatoriæ, uictoria: rationis eius, quæ in re familiari tuēda uersat, diuitiæ. Quæcunq; [8] aūt artes huius generis uni alicui facultati subiectȩ sunt, (ut equestri ea, quȩ in frenis cōficiēdis occupata est, cæteræq; oēs ad instrumēta equestria cōparatæ: atque hȩc ipsa equestris, omnisq; actio militaris, arti imperatoriæ: itemq; aliæ alijs:) in his omnibus fines earū, quȩ principē locū obtinent, earū quȩ eis subiectæ sunt, finibus

a sunt

1566年在瑞士巴賽爾出版的亞里斯多德著作《尼各馬科倫理學》。瑞士人文學家特奧多爾·茲溫格（Theodor Zwinger, 1533-1588）編輯的古希臘語版本中收錄了法國文獻學家丹尼士·藍賓（Dionysius Lambinus, 1520-1572）的拉丁語譯本。

舉個例子，「好」這個字是什麼意思呢？我們無法立即邏輯分明地說出這個字的意思，但是卻有人認為這個字擁有單一的意義和標準。真的是那樣嗎？那麼我們舉「好汽車」為例來分析一下吧，什麼樣的汽車是好汽車呢？可能有燃油效率高或較少故障等標準。那麼「好食物」這個字又如何呢？可能指的是美味的食物，也可能是營養豐富的食物等。由這兩個例子可以看出好汽車和好食物的標準很不一樣。

這就是亞里斯多德主張的論點之一。亞里斯多德認為「好」這個字沒有單一且普遍的涵義。也就是說，就像「好汽車」和「好食物」的標準不同，我們也不能把「好國家」的標準直接適用於「好公司」。同樣地，「好人」和「好房子」也要用完全不同的標準來判斷。我們每件事都要用不同的標準來對待。

但是柏拉圖認為「好」這個形容詞有共同的某些特質，並且認為要在此前提下探究那些特質。因此，亞里斯多德想要廢除「好的本質」或「好的理型」等柏拉圖用語。

現在，我們已經接近亞里斯多德現實主義道德哲學的核心。據他所說，不可能有對現實世界的完整嚴謹答案，也不可能有一個共同適用於所有問題的單一解決方法，他在這一點上完全告別了柏拉圖。

但是這樣的論點卻也讓我們感到苦惱。如果據亞里斯多德所說，現實發生的所有情況和問題都有不同的性質，我們每次都要分別尋求相應的解決方案，這樣是不是有點累啊？這難道不是身為哲學家的亞里斯多德不負責任嗎？

亞里斯多德對此給出了答案，那就是我們要養成良好的「習慣」。我們偶爾能做出正確的行動和判斷，但是這不是重點，真正重要的是我們要塑造正確的品德，這樣我們才能時刻做出正確的判斷。當然，這不是一朝一夕形成的，而是需要長期努力，持續學習，並且堅持不懈地磨練自己。

「一隻燕子的出現不代表春天的來臨。」

這是在他的倫理學主要著作《尼各馬科倫理學》（*Nicomachean Ethics*）中出現的話。如果內在形成良好的習慣和品性，即使每次發生不同的新情況，也很容易做出健康正確的判斷，並透過這些逐漸接近幸福（*eudaimonia*）的生活。亞里斯多德的現實主義強調的是在我們內心累積良善品德，以及為其養成良好習慣的重要性。

我一邊觀察柏拉圖和亞里斯多德哲學，一邊思考理想主義和現實主義。理想主義者是對目標總是深思熟慮，並且為了達到目的而堅定自己決心的人。相反地，現實主義者是理解目前問題的性質，並且埋頭尋找解決方案的人。

世界上有理想主義者，也有現實主義者，你認為兩條路中哪一條是正確的呢？我想這個問題沒有正確答案，但卻是我們不能迴避的問題。因此我們應該更堅持學習哲學，因為哲學是針對沒有固定答案的問題思考答案的學問。

10

不要擋住我的陽光

第歐根尼

我們將視線轉移到〈雅典學院〉的中間，一位哲學家半脫著外衣，斜坐在階梯上閱讀。大家對這名學者有什麼第一印象呢？對我來說，有兩點非常顯眼。

首先，他的姿勢看起來最舒服，因為他是這幅畫中唯一幾乎要躺下的人物，且以無所顧忌的從容姿態在閱讀。他一個人坐在〈雅典學院〉裡，對人們熱情探索的主題毫不關心。第二個引人注目的是他的衣服，說他是所有人物中裸露最多的也毫不誇張。由此我們可以大致推斷出他思想的特徵。他可能反對人為、形式上且社會性的東西，並且重視人類本性和自然。他就是第歐根尼（Diogenes）。

在古希臘，第歐根尼這個名字很常見，也許是因為這個名字具有「生於宙斯」的高尚含義。如同在韓國很常見的名字哲秀或英熙一樣，古希臘有很多名為第歐根尼的人。因此，為了區分多個第歐根尼，人們經常在名字前加上出生地名。〈雅典學院〉中登場的哲學家第歐

根尼以他的出生地命名為「錫諾普（Sinope）的第歐根尼」。錫諾普是毗鄰黑海的土耳其北部城市。

出生於西元前四一〇年，並於西元前三二三年去世的第歐根尼是西方哲學史上最奇異且最具個性的哲學家之一。他夢想著自由幸福的一生，並且認為所有世俗和人為的東西都會妨礙人類原有的幸福，所以他遠離這些東西生活。「我不擁有任何財產，一生都把木桶當作房子來生活。」既然遠離了這些東西，他就不可能有像樣的衣服。我們看到在〈雅典學院〉裡，他披著鮮豔的藍色衣服，但是實際上他的衣服可能是破破爛爛的。

遠離塵世和名聲生活的他不可能留下像樣的著作，所以今日我們很難找到支持第歐根尼巨大名聲的精緻理論，只有一些關於他的趣聞軼事。

加埃塔諾・甘多爾菲（Gaetano Gandolfi, 1734-1802），〈亞歷山大和第歐根尼〉，1792年。耀眼的陽光灑在第歐根尼強壯的身體上。

第歐根尼主要在雅典活動，晚年居住在名為科林斯的都市。當時正值亞歷山大大帝迅速擴張帝國的時期。某天，亞歷山大大帝拜訪這位在帝國頗具名望的哲學家之一。第歐根尼一如既往地坐在木桶前沉思。國王問第歐根尼：

「我聽說了敬愛的第歐根尼老師偉大的名聲，請問我能為您做什麼呢？請您儘管說。」

第歐根尼回答：「要為我做是嗎？那麼請往旁邊靠一點，不要站在那裡擋到陽光，因為我正在享受溫暖的陽光！」

這是哲學家向正在擴建大帝國的亞歷山大大帝提出的要求，亞歷山大大帝對於這種讓人覺得傲慢的唐突回答有什麼反應呢？他會不會指使自己的部下以侮辱罪立刻逮捕這位哲學家呢？沒有，國王對部下低聲說：

「如果我不是亞歷山大的話，我想成為第歐根尼。」

堅決拒絕世俗的權力和財物，選擇以哲學家身分安靜生活的第歐根尼，還有理解這個想法，甚至產生共鳴的亞歷山大大帝，兩人的相遇讓人對人類的真正幸福產生很多想法。

透過這則軼事，我們可以更接近第歐根尼的哲學。他被選為從安提西尼（Antisthenes, 446-366 BC）開始的所謂犬儒學派的代表人物。這個流派後來進化成斯多噶主義。

安提西尼是蘇格拉底的另一位弟子，幾乎與柏拉圖同期。雖然我們現在只記得蘇格拉底、柏拉圖和亞里斯多德，但事實上，安提西尼是名望很高的哲學家，他與柏拉圖的阿卡德摩斯學院、亞里斯多德的呂克昂學院一起，於雅典郊外經營在雅典的智慧風景中產生巨大影響的「快犬」（*Kynosarges*）學院。

犬儒學派（Cynicism）這個名字來自意指狗的古希臘單字「*kyon*」的形容詞「*kynikos*」。所以具有「像狗一樣」的意思。冰冷的微笑，也就是被翻譯成冷嘲熱諷的英文單字「cynical」也源自於此。

他們甘願過著像狗一樣按照自己自然需求的生活。第歐根尼式的冷嘲熱諷不是嘲笑別人，而是不關心別人的事，更準確地說是與自己無關的事，只管好自己。因為只有自己最了解自己，所以能評價自己的行動和想法價值的也只有自己。因此，犬儒學派的核心是不承認與自己無關的其他價值。所以，「像狗一樣的生活」不是指跟著慾望的引導隨意過活的人生，而是最大限度專注於自然且真實於自己的人生。

什麼是幸福？很多人都在談論幸福，其中有個特別多人同意的定義，就是「幸福是需求的滿足」。當我們實現自己想做的事，我們會將當時稱為幸福的瞬間，當我們滿足地做到自己想做的事情時，我們就會將此稱為幸福的人生。從某種角度來看，幸福是以慾望為分母，以滿足為分子，不斷變化的量化產物。

這樣看來，想要達到幸福有兩種策略，一是透過滿足需求增加滿足這個分子。換句話說，就是加法戰略，以被賦予的慾望為前提，探索最大限度的滿足方案。另一個戰略是仔細觀察慾望這個分母，並減少這個分母，這是所謂的減法戰略。這是與東方傳統中的「無所有」概念相通的想法，第歐根尼可以說是後者方案的支持者。

當然，這並不表示第歐根尼無條件呼籲消除慾望，完全喪失慾望的人無法算是人。第歐根尼的意思是要區分人類原本的慾望以及非原本慾望，並且必須果斷地控制原本不需要的需求。他認為若過度追求非本來的需求，反而會損害對原本需求的滿足。

第歐根尼大白天也拿著燈在街上走，於是有一天，他的一名朋友問道：「你大白天的為什麼拿著燈呢？」

第歐根尼回答：「因為看不太到像人的人，所以我想如果拿燈來照的話，也許會找到。」

像人一樣真正的人是誰呢？是不以他人的標準來評判自己幸福的人，是珍惜自己的人，絕對不會把自己的陽光與世界的權力或財物交換的人。真正的幸福是在滿足真正的需求時才會到來，我們也才能恢復成原本的自己，也就是真正的人類。

你有像第歐根尼的陽光一樣的珍貴東西嗎？你有那種即使用金錢和權力也不想交換的陽光嗎？那可能是心愛的家人或愛人，也可能是某種價值、宗教或興趣。為我們帶來真正幸福的是我們真實且自然的需求，就像第歐根尼的陽光一樣小而溫暖。多虧那陽光，我們才能過上幸福的生活。祝福你今天也度過幸福的一天。

11

學而時習之，不亦說乎

伊比鳩魯

我們再看向畫作的左邊。請看看在這裡閱讀的這個男人，穿著亮藍色衣服的這位哲學家與〈雅典學院〉的大部分學者有著不同的氣質。這位擁有從容微笑的獨特氣質男子是享樂主義哲學家伊比鳩魯（Epicurus）。

我會這麼推測有以下兩個理由。首先，第一個線索是他頭頂上的樹葉，這是象徵葡萄酒的葡萄樹葉。當然也有其他解釋，有人認為這是常春藤的葉子。常春藤是巴克斯（Bacchus），也就是酒神戴奧尼索斯（Dionysos）的象徵。無論這些葉子是葡萄樹還是常春藤的葉子，顯然都與酒有關，所以與身為享樂主義者的伊比鳩魯非常相配。

第二，這位哲學家有一張胖呼呼的臉，可以說是位滿胖的哲學家，和我們一般對哲學家的印象很不一樣。雖然他被柱子遮住，只露出上半身，但是從臉來看，他應該是〈雅典學院〉中體重最重的人物，拉斐爾在這裡原封不動地再現文藝復興時期對美食家伊比鳩魯的印象。

伊比鳩魯在西元前三四一年出生於希臘薩摩斯島，於西元前二七一年死於雅典。馬其頓的亞歷山大大帝在西元前三二三年去世，此後稱為希臘化時代，伊比鳩魯是生活在希臘化時代早期的哲學家。

他在雅典成立了名為「花園」的哲學聚會，非常活躍。該聚會之所以有這樣的名字，是因為他把同事們邀請到自家的花園裡進行哲學對話。他在這個花園裡招待了各種各樣的人。與當代的一般習俗不同，婦女和奴隸也能自由參加這個聚會。

花園基本上是私人空間，由此可以看出伊比鳩魯的哲學帶有濃厚的個人主義性質。與在雅典市中心的公共空間引領哲學討論的斯多噶主義相比，我們可以由此推測出伊比鳩魯的哲學性質。他在花園裡召集各種人後，以什麼主題為中心進行討論呢？

一言以蔽之，他的哲學就如大家所知道的，是「享樂的哲學」。他的名字總是被引用為享樂主義的代表，甚至代表著美食家的英文單字「epicure」也源於他的名字。

然而，這裡隱含著對伊比鳩魯哲學的懶惰刻板印象。伊比鳩魯不只是一位宣揚吃美食喝好酒的享樂哲學家。我們是否因為刻板印象忽略了他哲學中的那些東西呢？

如果要探討伊比鳩魯的哲學，我們就要從「我們真正希望的東西，以及我們想要的是什麼」開始。是的，我們都希望得到好東西，世界上沒有人希望拿到不好的東西。那麼，何謂好東西？我們認為什麼是好的呢？伊比鳩魯給出相當簡單且清晰的答案。他主張能讓我們快樂的就是好東西，為我們帶來痛苦的就是壞東西。

那麼，我們生活中重要的課題之一就是擺脫所有精神和肉體上的痛苦。伊比鳩魯將這個理想目標稱為「*ataraxia*」，這個古希臘單字是由有否定意思的「*a*」，和意指「搖晃」的動詞「*tarasso*」結合誕生的，所以有毫不動搖的意思。這就是人類追求的至善，也就是真正的快樂。據說，伊比鳩魯建立的學院「花園」貼著如下的標語：

「親愛的，請在此安心停留吧，我們都是把享樂視為最好的人。」

因此，與其說伊比鳩魯只擁護肉體上的享受和快樂，不如說他認為比這更有價值的心靈安定，以及由此產生的喜悅是人生中最珍貴的。

伊比鳩魯的這種想法在他關於死亡的主張中也清晰可見。擾亂我們的思緒，為我們帶來痛苦的最強力量就是對死亡的恐懼。伊比鳩魯對此會開出什麼樣的處方呢？他說：

拉斐爾，〈托馬索肖像〉，1515年。〈雅典學院〉中伊比鳩魯的形象是以托馬索・英希拉米（Tommaso Inghirami, 1470-1516）為模特兒。當時擔任梵蒂岡圖書館館長的他和拉斐爾關係非常密切。據推測，拉斐爾在畫簽字廳的濕壁畫時，從博學的圖書館館長英希拉米那裡得到很多幫助。

「死亡對我們來說不算什麼。當我們存在時，死亡不存在，當死亡來臨時，我們已經不在了。」

生與死畢竟不會同時存在，所以我們不必害怕死亡，也不需要因為害怕而受苦。伊比鳩魯不允許對死亡的恐懼壓倒生活中的真正快樂。

伊比鳩魯對死亡的態度體現在羅馬的各種墓碑碑文。下列羅馬時代流行的碑文表達出對生和死的典型伊比鳩魯觀點。

「*Non fui, fui, non sum, non curo.*」

「我曾經不存在，後來我存在，現在我已死，但是我不在乎。」

那個時代的碑文和我們時代的氛圍很不一樣，比我們輕鬆許多。這裡再多舉幾個例子：

「活著的時候我喝得很開心，還活著的你，喝吧！」（*Dumvixi, bibi libenter. bibite vos, qui-*

vitis!）、「今天是我，明天輪到你了。」（*hodie mihi cras tibi*）等。還有著名的句子「*Sit-tibiterra levis*」，意思是「願你上方的泥土輕薄」。後來這個句子經常被縮寫為「*STTL*」。這個句子主要放在墓誌銘的最後，代表輕鬆地完成離別。看這些羅馬人的碑文，就能了解他們極其現實且輕鬆的態度，從這一點來看，伊比鳩魯的哲學是典型的羅馬時代哲學。

對於如此重視快樂的哲學，你覺得如何呢？你感到陌生或很難產生共鳴嗎？其實，我認為享樂主義並不只存在伊比鳩魯的哲學中，在我們東方最優秀的古典之一《論語》也可以發現伊比鳩魯對快樂的讚美。

「學而時習之，不亦說乎，有朋自遠方來，不亦樂乎？」

這句話表達了人們學習和遇見好朋友的樂趣，因此我們可以說《論語》也歌頌了快樂。

你不覺得孔子和伊比鳩魯對快樂價值的強調出乎意料地相似嗎？

當然，人生的幸福並不單指快樂，除了快樂之外，還有其他能為我們帶來深刻意義的各種要素。然而，似乎沒有人即使不快樂，卻仍有幸福的人生，多數過著幸福生活的人都是快樂的。另外，從一個人重視什麼樣的快樂，可以看出那個人將什麼視為幸福且重要的價值。

大家享受著什麼樣的快樂呢？對大家來說，什麼樂趣最珍貴？希望大家都能審視這個關乎我們人生價值的問題。

12

在角落思考幸福

芝諾

現在，我們來〈雅典學院〉的角落看看，在學院的最邊緣，以陰沉的表情望著中央的這位白鬍子老哲學家就是本章的主角芝諾。芝諾出生在今日土耳其南部塞普勒斯島（Cyprus）的季蒂昂（Citium）。為了與巴門尼德的弟子，也就是提出阿基里斯與烏龜悖論的伊利亞的芝諾區分，我們將其稱為「季蒂昂的芝諾」。

他出生在亞里斯多德誕生後的五十年，也就是西元前三三五年，同時是馬其頓的亞歷山大大帝登基為王第二年。芝諾在二十多歲時來到雅典，正式研究並講授哲學，並於西元前二六二年在雅典去世。因此，季蒂昂的芝諾活動的時期已經過了以雅典和斯巴達為代表的古希臘黃金時期，進入了希臘化時代即將開花結果的時期。

季蒂昂的芝諾之所以能與〈雅典學院〉的其他哲學家並駕齊驅，因為他是第一個創造出斯多噶主義這一巨大哲學潮流的人，該學派的創始人就是季蒂昂的芝諾。

斯多噶學派是羅馬時代最強大的哲學流派，很難想像沒有斯多噶哲學的羅馬。斯多噶哲學家強調禁慾生活和節制，重視對國家和全人類的道德義務，因此可以說是維持羅馬帝國的精神支柱。大多數羅馬帝國的主要哲學家都是斯多噶主義者，包含西塞羅、小加圖（Cato, 95-46 BC）、塞內卡（Seneca, 4 BC-AD 65）、愛比克泰德（Epiktetos, 55-135）及安東尼努斯（Marcus Aurelius, 121-180）。

斯多噶學派這個名字是從哪裡來的呢？熟悉古羅馬哲學的人會認為「斯多噶」（stoa）這個詞的意思是支柱，但是嚴格來說這個定義並不精確。

斯多噶不是指各種柱子，而是指柱子排成一排的空間，在建築物內外之間設置多根支柱的空間「斯多噶」是古希臘非常流行的建築風格之一。這個空間不能說是在建築物內部，也不算在外部，這個非完全屬於內部或外部的空間就是斯多噶。

在雅典復原的阿塔羅斯柱廊（Stoa of Attalos）。

古雅典在市中心設立的公共廣場「阿哥拉」非常有名，這些阿哥拉裡也有幾個這樣的斯多噶建築，其中一座是名為「彩色柱廊」（*stoa poikile*）的建築。這裡的「*poikile*」是彩繪的意思，以該建築的牆壁上掛著多幅彩繪畫而得名。這是一棟比較大的建築物，寬十三公尺，長三十六公尺左右。

季蒂昂的芝諾平時會在這棟建築物中與幾位哲學同事見面談論哲學，因此這個「彩色柱廊」成為芝諾及其群體的象徵，所以他們被稱為斯多噶學派。

介於內外部之間的斯多噶體現了斯多噶哲學的屬性。斯多噶主義在面向幸福的哲學處方中有著主觀主義的傾向，同時強調個人對共同體的道德義務。

斯多噶學派的哲學家們以什麼樣的魅力吸引了這麼多人呢？關鍵在於其理論非常簡單，且是以強烈的疑問開始。每個人都想要幸福，但是為什麼我們很難變幸福呢？難道是因為我們所擁有的知識有限，所以無法參透幸福的巨大祕密嗎？

根據芝諾的想法，知道何謂幸福，以及什麼是人生中真正好的東西並不難。利用人類本來就被賦予的理性禮物就可以掌握。然而，在多數情況下，我們的判斷力就像風中燭火般不斷動搖和破碎，所以不僅很難掌握幸福，也容易陷入不幸。

那麼，我們的判斷力為何會如此脆弱且容易動搖呢？依據斯多噶學派的想法，那是因為*pathos*，也就是我們的情緒。我們很容易被瞬間的情緒所左右，所以判斷力會變弱，並因此難以掌握並得到幸福，所以斯多噶學派將「*apatheia*」視為人類幸福的重要條件。這句話是在表示否定的字首「*a*」後面加上有情緒含意的「*pathos*」，也因此這是能完全控制內心的激動，不再隨意捲入某種情緒的狀態。

例如，每次都因為憤怒而無法克制自己的人，往往很難正確判斷事態的發展。悲傷、不安、恐懼和嫉妒，這一切的情緒都是因為外部事件動搖內心而產生的。如果我們能脫離這些消極的情緒，進入不動搖的狀態，我們就可以擺脫外部的變化，成為人生真正的主人。

我們來聽聽另一位斯多噶學者愛比克泰德的故事，他對幸福的哲學處方是從區分「取決於我們」和「不取決於我們」開始的。世界上有我們無法用自己的力量控制的東西，以及能完全依據我們的決心和意志控制的東西。區分這兩者是智慧的出發點和本質。一個人因為水由上往下流而生氣是愚蠢的，不改變「金錢能保障幸福」的想法同樣也是愚昧的。如果我們能改變對世界的看法，我們的心就會發生變化，並且能更踏實且透徹地做出判斷。

美國神學家雷茵霍爾德．尼布爾（Reinhold Niebuhr, 1892-1971）留下了下列著名祈禱文。

「神啊，求祢賜給我平靜的心，去接受我無法改變的事；賜給我勇氣，去做我能改變的事；並賜給我智慧，去分辨兩者的不同。」

遺憾的是，關於季蒂昂的芝諾提出的哲學理論細節不多，但是多虧了西元三世紀左右活躍的作家第歐根尼．拉爾修（Diogenes Laertios, 180-240），我們可以間接接觸到一些與他相關的故事。

據他介紹，芝諾本就不喜歡人多的地方，所以每當有聚會時，他都會拒絕坐在前排，選擇坐在角落。〈雅典學院〉中，芝諾也位於這個廣闊空間的最邊緣。難道拉斐爾連這些具體的歷史紀錄都研究過嗎？我們無從知曉，但是對於試圖擺脫混亂情緒的哲學家芝諾來說，安靜且平靜的角落位置似乎非常適合。

芝諾的建議不僅是幸福的哲學處方，也是大部分宗教的教誨。在《新約聖經》的〈路加福音〉裡，耶穌說道：「凡自高的，必降為卑；自卑的，必升為高。」並指出如果受邀參加宴會，建議坐在角落的位置。

你喜歡的位置在哪裡呢？在角落看世界，世界萬事盡收眼底。在最前面或發光的正中間位置上，視野中會有看不清的東西。在最安靜的角落或許會有點孤獨，但是我們能平靜地重新思考人生，不受繁雜情緒動搖。

我希望偶爾像芝諾一樣安靜地坐在角落環顧四周，也許看不見的祕密會一點一點進入眼簾。

13

即使你是國王也不例外

歐幾里得

和我們的時代一樣，古希臘也有許多名字相同的人，我之前也說過，有好幾位偉大的人物都叫第歐根尼，古希臘時還有另一個名字也是如此，那就是歐幾里得（Eukleides）。

首先，是從西元前四〇三年到四〇二年期間暫時擔任雅典城市國家行政最高執行官（*archon*）的歐幾里得。第二位歐幾里得是西元前四三五年左右出生在墨伽拉（Megara），之後成為蘇格拉底忠實徒弟的哲學家，他是蘇格拉底學派之一的墨伽拉學派創始人。第三位歐幾里得是幾何學家歐幾里得，我們通常稱其為Euclid。他出生在亞歷山卓（Alexandria），所以也被稱為「亞歷山卓的歐幾里得」。

這位幾何學家出現在〈雅典學院〉的右側，這裡聚集了很多人，其中在地板的小黑板前拿著圓規認真說明的人物就是本章的主角幾何學家歐幾里得。他手裡拿著的圓規和黑板上畫的圖形清楚地說明了他是誰。雖然因為上身前傾，所以他的臉看不太清楚，但是拉斐爾以邀

請自己到羅馬的年長同事伯拉孟特為模特兒畫了歐幾里得。

歐幾里得可以說是幾何學的創始人，這個名字離不開幾何學，幾何學也離不開歐幾里得這號人物。幾何學是與歐幾里得一起誕生的，而這個體系支撐了整個西方知識領域近兩千年，這位偉大的人物究竟留下了怎樣的功績呢？

首先，我想簡單說明幾何學這門學問。幾何學是描述圖形性質的一個數學領域。幾何學的英文「geometry」是由意指土地的古希臘語「*ge*」，以及意指測量的「*metria*」結合而成的。這是一門從測地技術發展而來的學問。

事實上，古埃及人擁有許多幾何學知識。尼羅河流域經常因為下雨而氾濫，所以測量並確定土地邊界至關重要，在此基礎上，能夠準確測量土地的幾何學知識得到了極大的發展。

然而，將這一實用知識發展成抽象學科體系的並不是古埃及人，而是北方的古希臘人。什麼都要抽象化是古希臘人的特長。畢達哥拉斯的直角三角形定理內容古埃及人早就知道了，但是僅此而已。古希臘人則不滿足於此，他們想要用抽象的修飾方法表達出來，並建立演繹性理論體系。

幾何學也要求如此抽象的思考，因為古希臘人的信念是越抽象越接近真理。柏拉圖對做為抽象學問代表幾何學的喜愛也非比尋常，他建立的學院掛著以下標語。

「不懂幾何學的人請勿進入。」

有個關於歐幾里得的傳說故事。某天，他正把弟子們聚在一起講解幾何學，有個弟子問了以下問題：「老師，如此複雜的幾何學究竟要用在哪裡呢？」

對此，歐幾里得對正在學習的其他學生這樣說道：

「請給這位學生一些錢讓他離開這個位子，這位朋友總是希望用自己學到的東西得到些什麼。」

「離實用的具體性越遠，越接近普遍真理」的信念是支配西方精神史的古希臘強大遺產。

我們熟悉的歐幾里得與〈雅典學院〉的其他學者一樣，只能大致推測其生歿年分，據悉他出生於西元前三三〇年左右，並於西元前二七〇年左右去世。

歐幾里得的主要活動舞台是當時學術中心之一的亞歷山卓，這個地區由亞歷山大大帝的繼承人之一托勒密一世（Ptolemy I, 367-283 BC）統治。這位偉大的國王身為國家最重要的知識分子之一，相當禮遇歐幾里得，並非常熱中學習幾何學。然而，由於身為國王要履行的各種繁忙行程，他的學習似乎不盡如人意。某天，國王如此問歐幾里得：

「老師，您應該很清楚我最近正在努力學幾何學，但是這個學習真不容易，您有簡單學幾何學的方法嗎？」

對此，歐幾里得如此回答：

「王啊，通往幾何學的路上沒有王道。」

這裡的王道指的是通過波斯帝國中央的長途公路，這是連接帝國東西方的巨大建設項目，從今天的角度來看，這是一條高速公路。因此，歐幾里得的意思是不存在學習幾何學的捷徑。

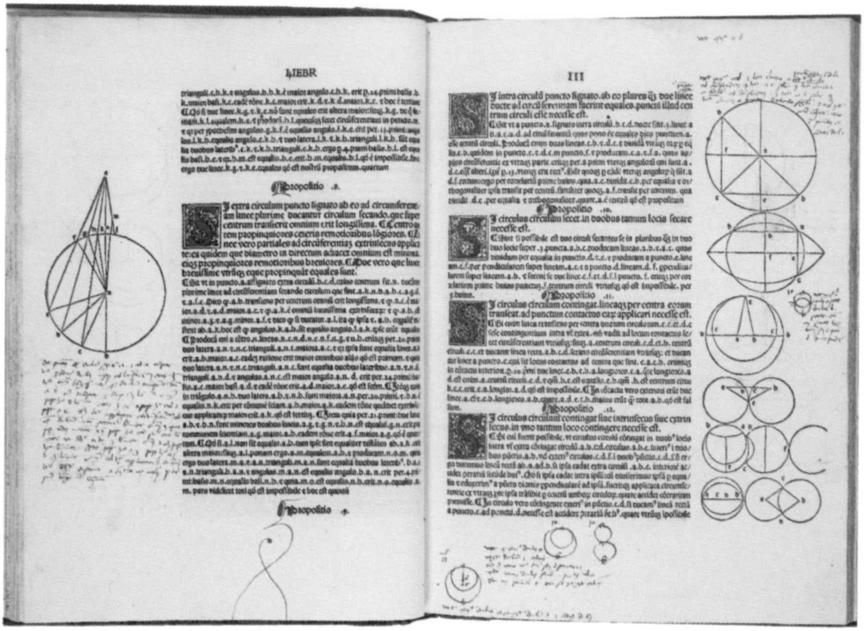

德國印刷企業家艾哈德・羅道特（Erhard Ratdolt, 1447-1528）於西元1482年製作的《原本》最初印刷本。

雖然歐幾里得留下了各種著作，但是其中最重要的是《幾何原本》（*Euclid's Elements*），更準確來說是《原本》。這本書共由十三章組成，從邏輯上重新建構了幾何學的整個學科體系。其內容和敘述方式非常精巧，令人難以相信這是西元前三〇〇年左右編寫的著作。該書以定義和推理為基礎建構演繹邏輯體系。從「點是沒有部分的」，以及「線沒有寬度」的定義出發，涵蓋包括平面幾何和立體幾何，以及與數相關的廣泛領域。

這本書被用做數學和幾何學的教科書已經很久了，二十世紀英國數學家兼哲學家伯特蘭・羅素（Bertrand Russell, 1872-1970）甚至表示歐幾里得的《原本》是人類最偉大的著作之一。

但是這本書有一個有趣的地方，那就是書中的無數幾何學理論中，歐幾里得自己創造的理論並不多。這本書講述了幾何學中的數十種定義和數百種命題，大部分都是來自歐幾里德之前的學者們留下的理論。當然，這些前輩中也包括我們前面提到的畢達哥拉斯。

那麼，歐幾里得做了什麼？他把所有這些幾何理論都仔細地拆解後重新排列，並且連接起來，重新建構一個巨大且邏輯清晰的體系。換句話說，他既不是自己生產原料，也並非自行製造零件，而是用別人製造的原料和零件製造出那些生產者們沒想過的偉大商品。歐幾里得的功績不在於發明新的東西，而在於努力研究現有的材料，並重新將其編織成新的體系。

我們經常因為對「新」的執著而感到疲憊，因為如果不是新產品，就不會受到人們的歡迎；若不是新作品，人們就不會感興趣；如果沒有新想法，我們就會越來越難生存。

然而，這種「新」是怎麼得到的呢？當然，某天可能會像閃電一樣劃過我們的腦海，出現意想不到的創意，但是很遺憾，這種情況很少見，而且也不能總是對組織的其他成員提出這種要求。

但幸運的是，我們還有另一種方法可以獲得新的東西，那就是重組我們現在擁有的東西。人、產品和點子都是。分解後以其他方式重新組裝，放在不同位置和背景上，至今完全沒有發現的面向就會煥發出新的光芒。新鮮感不一定來自外部，如果仔細觀察我們已經擁有的各種要素並重新部署，就會發現至今為止從未見過的新方案，這就是歐幾里得的方法。

14

關注精神之美

普羅提諾

畫作上下方幾個互相聚在一起聊天的小組登場了。然而，某位哲學家並不屬於任何一夥人，而是站在離喧囂的騷動一步之遙的地方，他的名字就是普羅提諾（Plotinos），從他堅定且頑強的姿態中，我們可以看出他運用晦澀難懂的希臘語開啟神祕主義哲學的樣貌。

普羅提諾何時何地出生，他的父母是什麼樣的人，目前尚不清楚，只能根據後人的各種報告推測。部分學者認為，他在西元二〇四年左右出生在今日埃及一個叫做利科波利斯（Lycopolis）的地方。他後來前往當時學術中心之一的亞歷山卓學習哲學，並於四十歲左右移居羅馬。根據推測，他繼續在羅馬以哲學家身分活動，並於西元二七〇年左右去世。

如果要用一個詞來定義普羅提諾的哲學，可以說是「新柏拉圖主義」，這包含兩個意思。首先，他的哲學繼承柏拉圖的哲學。他從年輕時接觸到柏拉圖哲學後，就深受吸引，並與柏拉圖哲學生活了一輩子。他是柏拉圖的忠實弟子，也是後裔。他把柏拉圖哲學傳到後代，因

此古代柏拉圖傳到了中世紀，在基督教教義的形成中起了決定性的作用，也對文藝復興產生了很大的影響。

第二，我們不將普羅提諾的哲學說成是柏拉圖主義，而是在前面加上「新」，成為「新柏拉圖主義」，這說明普羅提諾並沒有將柏拉圖的哲學原封不動傳給後代，而是在接觸柏拉圖哲學後，嘗試自己進行新的解釋。

我們可以很容易想像在柏拉圖等偉大的哲學家去世後，許多自稱是柏拉圖忠實弟子的人繼承其哲學，並成立了各種流派。柏拉圖生前建立了自己的學院，並在那裡嘗試柏拉圖哲學的各種解釋和發展性繼承。然而，此學院的影響力逐漸減弱，最終由西元三世紀出現的普羅提諾新柏拉圖主義主導柏拉圖哲學的傳承和解釋，經過全盛期後，其影響力持續到六世紀左右。

普羅提諾的新柏拉圖主義在歷史上具有非常重要的意義，眾所周知，西方的中世紀是由確立基督教教義的多位高階神職人員正式開啟，當時他們的理論工具就是普羅提諾傳來的柏拉圖哲學。

另外，中世紀以後的文藝復興時期哲學開展中，普羅提諾的新柏拉圖哲學也起了決定性的作用。佛羅倫斯的科西莫・德・梅迪奇（Cosimode Medici, 1389-1464）是義大利文藝復興時期最輝煌的人物，也是柏拉圖哲學和普羅提諾新柏拉圖主義的有力支持者，他也受到拜占庭帝國的柏拉圖學者格彌斯托上・卜列東（Gemistos Plethon, 1355-1452）很大的影響。

科西莫於一四五九年在佛羅倫斯重新建立了古代雅典的「柏拉圖學院」。西元五二九年，柏拉圖學院被東羅馬帝國皇帝查士丁尼一世（Iustinianus I, 482-565）關閉，科西莫則在將近一千年後重振柏拉圖學院。此外，年輕且雄心勃勃的學者馬爾西利奧・費奇諾（Marsilio Ficino, 1433-1499）被任命為該學院的院長。費奇諾是一名狂熱的柏拉圖主義者，也是第一個將柏拉圖的所有著作翻譯成拉丁文的偉大人物。然而，費奇諾的柏拉圖主義實際上受到了

位於佛羅倫斯附近的「托斯卡納的梅迪奇別墅」（Medici Villas and Gardens in Tuscany），科西莫在這裡重建了柏拉圖學院。

普羅提諾新柏拉圖主義的巨大影響。他執筆了普羅提諾著作的詳細註釋書，並建議由適任的喬瓦尼・皮科・德拉・米蘭多拉（Giovanni Pico della Mirandola, 1463-1494）將普羅提諾的著作《九章集》（*Enneades*）翻譯成拉丁語，柏拉圖哲學是西方精神史上的巨大支柱之一，所以此舉相當於普羅提諾將其哲學傳到中世紀和文藝復興時期。

然而，正如我之前所說，普羅提

諾並不是單純複製柏拉圖的文章，眾所周知，柏拉圖的哲學傾向二元論，分為現實和理想、這個世界和另一個世界、靈魂和肉身。普羅提諾對這樣的二元論性質有些不滿，所以他引入了自己獨特的形上學概念，即「流出說」（theory of emanations），也就是「向外溢出」的意思。

據他所說，世間萬物是從絕對者（the absolute）處產生，就像泉水從泉中溢出。這個世界雖然不如神那麼完整，但是來自神，並且會回到神。這是認為萬物都蘊含著神的泛神論，也接近只用一個絕對者來說明世界的一元論。

普羅提諾表示，從絕對者那裡最先流出的就是「精神」，所以這是與唯一的絕對者最接近的。那麼，他所認為的精神是什麼呢？世界上最美麗的精神就是我們的內心。普羅提諾這麼說：

「走進你的內心，靜靜地看著自己，如果你覺得自己不漂亮，請記住以下這點：創造美麗雕塑作品的作者，是不斷打磨石頭的各稜角，最終才得以製作出美麗的臉龐。同樣地，你必須磨平你內心的稜角，將扭曲的東西拉直，並照亮黑暗的部分。只要不斷用鑿子雕塑自己的內心，總有一天你會成為完整且美麗的作品。」

他一生追求精神之美，尤其是晚年。普羅提諾的著作以《九章集》為題，編輯該著作的是普羅提諾的弟子波菲利（Porphyrios, 234-305），本書共五十四篇普羅提諾的文章，分為九章，共六冊。書名 Enneades 中的「*ennea*」在古希臘語中意指九。

有趣的是，這本共有五十四部的龐大書籍，其中大部分是從西元二五四年，也就是普羅提諾五十歲左右開始寫的。直到過世之前，他持續從事了約二十年的著述活動。普羅提諾到五十歲時已經培養了很多弟子，是備受尊敬的哲學家，但是他從未停止閱讀、學習、思考以及和周遭的人討論，他從五十歲開始就拚命埋頭寫自己的書直到死亡。

我們仔細觀察哲學史會發現晚年積極從事著述的學者出乎意料地多，索福克里斯（Sophocles, 496-405 BC）撰寫《伊底帕斯王》（*Oedipus the King*）是他六十四歲時的事；康德（Immanuel Kant, 1724-1804）出版名著《純粹理性批判》（*Critique of Pure Reason*）是在他五十七歲時的事；哥白尼（Nicolaus Copernicus, 1473-1543）出版《天體運行論》（*On the Revolutions of Heavenly Spheres*）是在他去世那一年，也就是他七十歲。

你幾歲了呢？你是如何接受歲月無可奈何地快速流逝呢？年齡增長並不代表單純的衰退或退步。當然，我們的身體會比年輕時更容易疲勞，但是另一方面，我們經年累月累積的智慧將使我們更深入理解世界。我們透過普羅提諾學習到人類的存在具有專注於內心精神，並且將其打磨至美麗的崇高義務，隨著歲月的流逝，我們的內心將會更加閃耀，因此年齡增長帶來的智慧反而是禮物。

美國詩人亨利・華茲華斯・朗費羅（Henry W. Longfellow, 1807-1882）的吟唱如下：

「當晚霞消失，天空就會布滿星星，那些是白天無法看到的星星。」

15

第一位女性學者

希帕提亞

哲學是男人的學問，現在依舊如此，更別說在很久以前的時代。〈雅典學院〉裡也充滿了男性，但是拉斐爾在這裡畫了一位女性。在偉大的數學家畢達哥拉斯後面，身穿白色大衣，靜靜凝視前方的這位優雅學者是希帕提亞（Hypatia）。

希帕提亞是人類歷史上最偉大的女學者之一，她於西元三五五年出生在亞歷山卓，父親是著名的數學家亞歷山卓的席恩（Theon of Alexandria, 335-405）。希帕提亞在父親的指導下掌握了數學，並成長為優秀的數學家，說她是歷史上第一位女數學家也不為過。希帕提亞也對哲學有所貢獻，是有能力的新柏拉圖主義哲學家。

根據古代許多歷史記載，她不僅涉獵數學和哲學，還學習了當代許多學問，因此成為亞歷山卓最偉大的學者之一，備受尊敬。此外，她還擁有出眾的美貌。雖然她被很多男性追求，但是一律回應：「我嫁給了真理」，所以終其一生都是單身。

希帕提亞，拉斐爾以弗朗切斯科．瑪麗亞一世．德拉．羅維雷（Francesco Maria della Rovere, 1490-1538，烏爾比諾公爵）為原型創作了歷史人物希帕提亞。他是教宗儒略二世的弟弟喬瓦尼．德拉．羅維雷（Giovanni della Rovere, 1457-1501）的兒子。

在女性單純被視為家庭經濟資產的時代，我們完全可以想像成為卓越學者的希帕提亞有多了不起，但是她的死亡卻是悲劇。依據歷史記載，她在大白天的街道上慘遭殺害，屍體被支解後在廣場上被燒毀。究竟為何會發生這樣的事呢？

若想正確理解希帕提亞的人生和死亡，首先要看看她生活的亞歷山卓這座城市。

亞歷山卓是位於古埃及北部的港口城市，是古代英雄亞歷山大大帝於西元前三三一年以自己的名字在占領區建立的城市。此後，亞歷山卓城迅速成長，在希臘化時代成為地中海文化圈最大的城市。亞歷山大大帝死後，統治埃及的托勒密王朝集中培養亞歷山卓城，使這座城市甚至繼承了以往希臘雅典所享有的文化中心地位。

當時世界上規模最大的圖書館就位在亞歷山卓，因為昔日光榮的雅典已經潰敗，所以對於繼承其地位的亞歷山卓城來說，這是理所當然的事。據悉，托勒密一世登上王位的西元前三〇五年開始建立圖書館。

亞歷山卓圖書館收藏了二十萬份莎草紙，即使只是二十萬冊裝訂的圖書，數量也非常龐大，亞歷山卓圖書館居然收集了這麼多莎草紙，其規模簡直無法想像。由於當時書籍不像今天這樣在商業上自由流通，所以這些莎草紙的價值非常巨大。世界上所有的書都湧向亞歷山卓，這也表示所有的知識和文化都聚集到那裡。燦爛地融合各學問的亞歷山卓城是當時的世界中心，那裡充滿了莎草紙蘊含的古希臘哲學和科學。

到了西元一世紀，這個璀璨的城市被占據地中海的霸權羅馬所統治，因此基督教文化正式流入這座城市。

當希伯來文化被引入希臘化時代的文化中心城市時會發生什麼事呢？出乎意料地，兩者非常平和地和諧共處。在兩個陌生文化相遇的初期，亞歷山卓城就非常明智地處理兩種不同的思想體系。當時可說是西方文明兩大軸心的希臘文化和基督教文化在亞歷山卓城首次正式相遇，並積極進行偉大的融合實驗。

但是這個謹慎的妥協與和諧並未持續太久，曾經和平的亞歷山卓城漸漸長出了黑暗紛爭的種子，生於西元三五五年的希帕提亞最終未能躲過歷史的黑暗。

西元三七九年即位的羅馬皇帝狄奧多西一世（Theodosius I, 346-395）推行強而有力的基督教復興政策後，對異教的敵對態度開始蔓延。從羅馬開始的這種陰暗氣息立即給整個亞歷山卓蒙上厚厚的陰影。西元三八四年登上主教寶座的德奧斐洛（Theophilus, 385-412）堅決擁護基督教，並攻擊異端思想，所以整座城市艱難累積的平衡開始崩潰。西元四一二年，繼德奧斐洛之後，亞歷山卓的西里爾（Cyril of Alexandria, 376-444）這位更保守的基督教神學

路易·費及耶（Louis Figuier, 1819-1894），〈哲學家希帕提亞之死〉，1866年。

家就任亞歷山卓主教，獨斷很快成為嚴峻的現實。仇恨和鬥爭在曾經象徵寬容及和諧的學問之都亞歷山卓氾濫。

研究數學、天文學和哲學，並擁護理性哲學傳統的希帕提亞不可能在保守的基督教中看到美麗，再加上希帕提亞與當時的埃及總督奧利斯蒂斯（Orestes）關係密切，這也刺激了與他不斷展開權力鬥爭的主教亞歷山卓的西里爾。

在這種緊張和衝突中，希帕提亞在西元四一五年被一群狂熱信徒殺害。她的屍體被支解，並在廣場被燒毀。這是她六十歲時的事。以希帕提亞的死亡為開端，各種悲劇事件陸續發生，世界學問中心亞歷山卓急遽沒落。

橫跨七百多年，成為地中海文明燦爛中心的亞歷山卓圖書館也在這個時候陷入了衰敗。對亞歷山卓圖書館和希帕提亞之死所具有的文明史意義進行深刻反思的美國天文學家卡爾·薩根（Carl Edward Sagan, 1934-1996）在《宇宙》（*Cosmos*）這麼說：

「亞歷山卓圖書館曾經的輝煌只留下一個模糊的記憶，希帕提亞去世後不久，圖書館裡剩下的最後一本書也全部被毀。人類文明就像因為錯誤的腦部手術而患上失憶症的病人一樣，陷入整體的遺忘之中。人類偉大的發現、思想，以及追求知識的熱情都因此永遠消失，這個損失怎能用數字來衡量呢？」

希帕提亞之死不僅是一位偉大學者的死亡，它象徵著自由、富饒、美麗理性時代的死亡，也代表著充滿寬容、包容和融合的偉大時代沒落，並開始了基督教擁有絕對權力的漫長中世紀時代。

關於她被殺害的確切歷史原因，學者之間有不同的解釋，但是大家一致認為，希帕提亞的死亡是宣告希臘化時代終結以及中世紀開始的象徵性事件。

之後過了很長的時間，中世紀結束後，這幅〈雅典學院〉的畫家拉斐爾開啟活躍的文藝復興時代。當時委託拉斐爾畫這幅畫的教宗儒略二世要求他在自己的辦公室畫壁畫。

我們可以推測，拉斐爾在〈雅典學院〉中畫希帕提亞肯定遭到了教會不少反對，暴露基督教歷史黑暗面的這位學者對當時的教會來說應該十分敏感。但是最終，希帕提亞的畫像堂堂正正地裝飾了教宗辦公室的東壁。

如此美麗地復活了偉大犧牲者希帕提亞的拉斐爾，以及容忍這種行為，並且冷靜回顧教會歷史的教宗儒略二世都是偉大的贏家。歷史上充滿了憎恨和嫉妒、反目和鬥爭、暴力和戰爭，但是經歷這一切後，歷史仍會逐漸向前發展，〈雅典學院〉是其微小卻美麗的一個見證。

16

如何看待世間的邪惡

瑣羅亞斯德

請看畫作的右下角，和其他學者聚在一起的就是本章的主角，他穿著柔軟的白色衣服，留著神祕的長鬍子，手裡拿著布滿星星的藍色圓天球，這位給人非比尋常印象的學者是瑣羅亞斯德（Zoroaster）。

他的原名是「Zarathustra」，「瑣羅亞斯德」來自「Zarathustra」的古希臘語「Zoroastres」。德國哲學家尼采撰寫的《查拉圖斯特拉如是說》（*Also sprach Zarathustra*）的人物名字即是瑣羅亞斯德。如果你是喜歡音樂的人，也許知道莫札特歌劇《魔笛》（*Die Zauberflöte*）中登場的「薩拉斯妥」（Sarastro），那也是以瑣羅亞斯德為主旋律的人物。

瑣羅亞斯德是西元前六世紀左右在現在伊朗北部地區活動的宗教領導人，從西元前七到五世紀約兩百年左右的這一時期，在人類精神史上具有非常重要的意義，不僅是瑣羅亞斯德，釋迦牟尼、蘇格拉底、孔子和老子等許多精神導師都出生在這個時期，他們也訂出了東

西方文明的模式。

從這層意義上來說，德國哲學家雅斯培（Karl Jaspers, 1883-1969）將此時期稱為「軸心時代」（Achsenzeit）。換句話說，這個時期決定了人類文明之後的發展。瑣羅亞斯德有足夠的資格與偉大的哲學家們一起漫步於美麗的〈雅典學院〉。

瑣羅亞斯德從小就按照父母的指示接受成為祭司的教育，當他三十歲時，他決定從根本上更新當時波斯的宗教，並創立了自己的宗教。反對多神教的土著宗教，確立一神教的教義是他革新運動的重點之一。

他在侍奉各種自然事物的多神教傳統面前提倡一個絕對者，即唯一的神。他主張神的名字是阿胡拉·馬茲達（Ahura Mazda）。據瑣羅亞斯德的介紹，阿胡拉·馬茲達是善與光的創造者，並且戰勝了邪惡和黑暗。人類身為善的存在，應具備三種重要的倫理，即「好的想法、好的語言和好的行為」，這樣就能站在善的一方對抗邪惡。我們都參與了被瑣羅亞斯德經典《阿維斯塔》（*Avesta*）稱為阿沙（Asha）的真理宇宙法則。

通常光象徵著善，黑暗則象徵著邪惡。瑣羅亞斯德主張跟隨光生活，並強調火的象徵意義，所以此教後來也被稱為「拜火教」。當然，瑣羅亞斯德並不是直接崇拜火，所以此名稱往往造成很大的誤會。在阿維斯塔語中名為「阿塔」（Atar）的聖火在該教中只是真理的象徵。

瑣羅亞斯德的教誨日益擴散，後來更成為波斯帝國的正式宗教。但此後，該地區逐漸走向衰退。波斯的瑣羅亞斯德教徒約在西元七世紀左右開始被逐漸擴大勢力的伊斯蘭教徒排擠，其中一些生活在今日的印度與巴基斯坦接壤的古吉拉特邦（Gujarat），之後移居到更南的地方，落腳在今日印度西部海岸最大的城市之一孟買（Mumbai）。位於印度的波斯瑣羅亞斯德教徒們被稱為「帕西人」（Parsi）。

據推算，目前全世界的瑣羅亞斯德教徒約有十五萬人，其中帕西人約有六萬人，可以說是現代瑣羅亞斯德教徒中最大的群體。

你看過二〇一八年引發巨大話題的電影《波希米亞狂想曲》（*Bohemian Rhapsody*）嗎？這部電影講述傳奇英國搖滾樂團「皇后樂團」（Queen）的故事。樂團主唱佛萊迪・墨裘瑞（Freddie Mercury, 1946-1991）的父親就是帕西人，所以他是被趕出印度的波斯瑣羅亞斯德教徒的後裔。佛萊迪出生在東非的尚吉巴（Zanzibar），八歲時移居印度孟買，並在十八歲那年和家人一起移居英國。

佛萊迪·墨裘瑞於1977年演唱會。

在這部電影中，佛萊迪的父親不斷向年幼的佛萊迪強調「好想法、好言語和好行為」（good thoughts, good words, good deeds），這是典型的瑣羅亞斯德思想。

瑣羅亞斯德教的衰退受新崛起的伊斯蘭教很大的影響，也受到西元三世紀左右出現的新興宗教「摩尼教」（Manichaeism）的影響。摩尼教的特點是非常強調二元論，在嚴格區分光明與黑暗、善與惡之後，其主張對立的兩者將在世界上進行永遠的戰鬥。瑣羅亞斯德教徒們則相信善能化解惡，光可以擊退黑暗，但是這些摩尼教徒則把黑暗和邪惡的力量視為同一根源，因此不相信善的絕對力量。

這種強烈的善惡二元論很快抓住了人們的心，因為我們都很清楚，這個世界尚存在的邪惡不會輕易消失，所以有時我們會對邪惡感到無力。在大部分的情況下，單一的一元論並不符合我們的常識。摩尼教傳入羅馬後迅速擴張勢力，很快成為當時基督教的強大競爭對手。

眾所周知，中世紀最偉大的哲學家兼神學家奧古斯丁（Aurelius Augustinus, 354-430）在青年時期約有十年是熱情的摩尼教徒。

這個理論的世界觀非常有吸引力。除了瑣羅亞斯德教和摩尼教之外，還有西元一到三世紀左右席捲東歐和波斯地區的諾斯底主義（Gnosticism）。我們從意指知識的古希臘語「*gnosis*」可知道其名字的由來，諾斯底主義主張透過人類自發的認知努力可以知道世界的最終祕密。當然，在基督教成立的過程中，該主義隨著被判定為異端而逐漸從神學和哲學的主要舞台上消失。

諾斯底主義也是以二元論的世界觀為基礎，分為知識和啟示、肉身和靈魂、善與惡，以及神和人。事實上，透過基督教的歷史理解古希臘哲學的情況十分常見，所以我們難以察覺古希臘哲學從根本上是以二元論的精神為基礎。相反地，基督教的出現可以解釋為在地中海地區的知識傳統中，出現了打敗希臘二元論的新世界觀。

做為高等宗教的瑣羅亞斯德教在這一點上明確站在基督教的立場上。人類的善良意志和行為，以及絕對者的善良意志最終可以擊退世上的邪惡，因此邪惡在絕對意義上被理解為不存在或真理的缺乏。

許多宗教一直在與二元論爭鬥，基督教、佛教和伊斯蘭教都是如此，他們都歌頌了最終的希望，而播下此樂觀倫理一元論第一顆種子的，就是本章的主角瑣羅亞斯德。他提出雖然世界上存在善與惡，但是善最終會勝利，我們最終能透過善的力量、奉獻和愛征服惡。這種試圖超越畏惡失敗主義和悲觀主義的思想才是真正的樂觀主義。

什麼是黑暗？那是光線尚未到達的地方，當光線來臨，黑暗就會消失。黑暗不是一種力量或勢力，只是單純光線還沒來到的狀態。有時，我們會懷疑如此漫長的黑暗是否不會結束，但是我們仍要沿著光走下去，因為世間真理只存在光明之中，只存在於善良的光線之中。

17

來自東方的哲學

阿威羅伊

本章我們要探討的人物是站在畢達哥拉斯後面，表情奇妙的哲學家，從包頭巾的造型我們很容易就能知道這個人是誰。他就是曾在西元十二世紀活動的阿拉伯哲學家伊本・魯世德（Ibn Rushd）。事實上，他的拉丁語名字阿威羅伊（Averroes）更廣為人知。他生於西元一一二六年，並於西元一一九八年去世。

也許你會感到疑惑，在由古希臘偉大哲學家們組成的〈雅典學院〉中，為什麼突然出現了阿拉伯哲學家？拉斐爾又為何畫了連名字都令人有些陌生的阿拉伯哲學家呢？

從結論來看，〈雅典學院〉中唯一出現的阿拉伯人象徵著阿拉伯知識分子對歐洲社會的影響力。真正體現其歷史影響力的代表性人物就是阿威羅伊。

阿威羅伊是出生於今日西班牙南部哥多華（Cordoba）的哲學家。伊比利半島從西元八

世紀起就被阿拉伯人占領，哥多華是政治文化中心。阿威羅伊是貴族，也是著名法學家家族的子弟，身為優秀人才，他不僅掌握法學，也熟悉醫學、語言學、宗教學、哲學等多種學問。在掌握這些學問的過程中，他遇到了決定其一生學術命運的哲學家，那個人就是亞里斯多德。

他認為亞里斯多德才是「真正的哲學家和理性的化身」。因此，阿威羅伊除了將亞里斯多德的著作翻譯成阿拉伯語，也執筆非常精巧且高水準的註釋書。他專注於傳達亞里斯多德著作中的思想深度，這本書也完整地傳到了西歐。得益於此，亞里斯多德在歐洲學術上復活，在中世紀哲學展開全盛期的經院哲學也正式拉開序幕。

也許你會有這樣的疑問，為什麼復活亞里斯多德的哲學家不是歐洲人而是阿拉伯人呢？答案就在歷史中。

西方文明的精神根源是古希臘哲學，但是古希臘哲學並不是從一開始就一貫且順利地規定歐洲文化的形成，而是經歷了複雜又坎坷的過程。眾所周知，古希臘哲學的故鄉雅典在西元前四世紀就隸屬於馬其頓，不久後整個希臘就進入了羅馬帝國的統治之下。此後，羅馬在西元四世紀分裂為東羅馬和西羅馬，歐洲的東西部分別經歷了不同的政治變化，但是希臘無論在地區還是語言上，都處於東羅馬帝國的影響之下。在西羅馬，也就是今日的西歐大部分地區相對來說古希臘的文化知識並不豐富。出乎意料的是，連對柏拉圖和亞里斯多德等也很少有深入的研究。

然而，亞里斯多德的情況卻很特別，亞里斯多德的龐大著作在西元六世紀左右傳到了東方的敘利亞，在那裡被翻譯成敘利亞語後集中研究。後來在西元七世紀，敘利亞被阿拉伯人征服，亞里斯多德的大量著作因而被阿拉伯人掌握。阿拉伯哲學家們將亞里斯多德的著作翻譯成阿拉伯語並加以註釋，進行了非常高水準的研究，其中最具代表性的學者之一就是阿威羅伊。亞里斯多德的著作和思想正式被介紹到西歐是在西元十二世紀左右。

阿威羅伊和亞里斯多德的相遇是動搖整個歐洲的大事。在當時的歐洲，柏拉圖和亞里斯多德的文本並非廣為人知，能自由解讀古希臘語的學者數量也非常少。如果阿威羅伊等阿拉伯學者沒有翻譯並研究古希臘哲學家的思想，文藝復興哲學也許就不會存在，不僅如此，將亞里斯多德哲學做為理論基礎的中世紀經院哲學也不可能出現，甚至基督教的理論框架也可能與現在有很大的不同。

柏拉圖的情況也是如此。直到文藝復興時期，歐洲才在東方學者們的幫助下重新發現了柏拉圖的著作。文藝復興時期，在義大利佛羅倫斯得到梅迪奇家族贊助的學者們重新發現了柏拉圖，並對此狂熱不已。

柏拉圖和亞里斯多德兩位大師多虧了東方學者們才得以在歐洲復活。打個比喻，歐洲雖然孕育並生下了希臘哲學，但是並未負責將其養大成人，是東方的阿威羅伊等阿拉伯學者照顧幼年時期的希臘哲學，歐洲人則接受了在阿拉伯人悉心照料下精心培養的古希臘哲學。

在文化歷史上沒有完全被鄰居孤立，形成自身特質的例子，所有的哲學和藝術都是在不同的潮流之間碰撞和交流，才創造出有深度的學問，也因此不存在完全純粹的西方文化。同樣地，完全純粹的東方文化也是不可能的概念，一切都是相互混雜的。從這樣的角度來看，在文化領域誰先開始做什麼可能不那麼重要，發現創意和思想的價值，並努力培養才是最重要的，歷史就是因為這些人的努力才得以持續流動。

因為阿威羅伊在哲學史上的貢獻，大家可能會認為他進入〈雅典學院〉是理所當然的，但是事情並非如此簡單。西歐的天主教教會曾經過激烈的爭論，以違反正統基督教教義的立

菲利皮諾・利皮（Filippino Lippi, 1457-1504），〈聖托馬斯・阿奎納戰勝異端〉（*Triumph of St Thomas Aquinas over the Heretics*），1491年，神廟遺址聖母堂（部分）。阿奎納正在對被畫得很滑稽的阿威羅伊進行定罪。

場將阿威羅伊的哲學定罪。這個問題是中世紀晚期最爭議的神學議題之一。

中世紀的根本問題，從大局上來看還是理性與啟示、哲學與神學的關係。在中世紀的很長一段時間內，無數學者對兩者的正確關係進行思考、討論和爭論。當然，很少有哲學家明確宣布兩者中的任一個勝利。選擇極端的單一答案並非哲學。中世紀的哲學家們一致認為，理性與啟示都是人類存在的兩大重要因素，所以兩者是互補的，但是在哲學爭論的過程中，哲學中心主義和神學中心主義最終分道揚鑣。

這場爭論的歷史就是中世紀哲學的歷史，所以回顧這一點將是一個漫長、細緻且專業的工作，但首先，我們將目光轉向阿威羅伊和伊斯蘭學者們的脈絡。西元十一世紀的伊斯蘭哲學家安薩里（Al-Ghazali, 1058-1111）在西元一〇九五年著述的《哲學家的矛盾》（*The Incoherence of the Philosophers*）一書中猛烈攻擊前一代哲學家阿維森納（Avicenna, 980-1037）

的理性主義。安薩里認為阿維森納對理性的信心只要稍有不慎就會威脅到神學的正確位置。阿威羅伊則從這裡介入。

大約一百年後，也就是西元一一八〇年，阿威羅伊撰寫了具爭論性的《矛盾的矛盾》（*The Incoherence of the Incoherence*）一書。當然，這個書名與安薩里的書有關。在這本書中，阿威羅伊提出安薩里對阿維森納過度的理性中心主義批評是有道理的，但是在批評過程中，他提出自己傾向神祕主義。他相信應該為理性尋找其位置，因為哲學真理並不比宗教啟示差。兩者最終表達的是相同的真理，只是兩者是到達真理的不同道路。阿威羅伊提出哲學和宗教不矛盾的信念，這完整體現他的理論「真理不與真理相矛盾」。

阿威羅伊的這一立場得到很多支持者，並且迅速擴散到西歐的基督教世界。正如大家所料，賦予自然理性和超自然啟示同等資格的這種理性主義，對擁護基督教正統教義的人來說是危險的想法。

最終，教會在西元十三世紀以阿威羅伊的理性主義違反基督教教義為由定罪。隨著托馬斯·阿奎納與阿威羅伊正面交鋒，阿威羅伊的名字在歐洲被視為充滿錯誤人類中心主義的代表。阿威羅伊這個名字被汙染，只留下羞愧的標籤。

阿威羅伊在西元十六世紀再次出現在拉斐爾的〈雅典學院〉中，這可說是異端回歸的事件，更何況畫作裝飾的地點是教宗的辦公室。

阿威羅伊出現在這裡實際上展現了巨大的時代變化，沒有什麼比這個人物的出現更能證明中世紀完全結束，新時代已經到來。也就是說，〈雅典學院〉是宣告新時代到來的偉大序曲。

18

雅典學院之後的故事

漫步〈雅典學院〉的旅程現在結束了，雖然還有許多沒探討的學者，但是仔細說明所有的哲學家不是這本書的任務。

拉斐爾來到羅馬，受儒略二世的委託所負責的第一個房間是簽字廳，並依序完成了〈聖禮辯論〉〈帕那蘇斯山〉〈雅典學院〉和〈三德像〉。他於西元一五〇九年開始繪製，一五一一年完成。完成後他毫不猶豫地開始下一個房間，即「伊利奧多羅廳」的工作，並於一五一四年完成。雖然儒略二世於一五一三年去世，但是下一任教宗雷歐十世（Pope Leo X）也給予拉斐爾信任，並鼓勵他繼續工作，所以他完成了博爾戈火災廳。最後的君士坦丁大廳濕壁畫是一五一七年開始著手，但是拉斐爾最終沒能看到這個房間的完成，並於一五二〇年離開了人世。

後來，在他的助手喬萬．弗朗切斯科．佩尼（Gianfrancesco Penni, 1488-1528）和朱利歐．羅馬諾（Giulio Romano, 1499-1546）的領導下，最後一個房間的濕壁畫也完成了。也因此，拉斐爾生前並沒有完成所有廳的濕壁畫。

位於羅馬萬神殿的拉斐爾之墓，左側是拉斐爾的半身像，下方的大理石上刻著皮耶特羅．班波為其所寫的墓誌銘。中間的瑪麗亞雕像是羅倫澤多（Lorenzetto, 1490-1541）的作品。右邊是拉斐爾的未婚妻現麗亞．畢碧雅娜（Maria Bibiena）的墳墓。

拉斐爾於西元一五二〇年四月六日去世，那天也是他的生日，他活了三十七年。他在二十五歲那年前往羅馬，身為代表時代的畫家活躍了約十二年，他在如此年輕的三十七歲就去世，實在十分可惜。

拉斐爾的墳墓位於羅馬的「萬神殿」（Pantheon）。拉斐爾之墓因為出現在美國小說家丹·布朗（Dan Brown）的小說《天使與魔鬼》（*Angels and Demons*）中而更廣為人知。他的墓誌銘由文學研究者兼詩人皮耶特羅·班波（Pietro Bembo, 1470-1547）撰寫，拉斐爾與班波關係非常親密，他甚至畫了班波的肖像畫。哀悼拉斐爾之死的墓誌銘如下。

Ille hic est Raffael, timuit quo sospite vinci,
rerum magna parens et moriente mori.

那位有名的拉斐爾長眠於此，
大自然是萬物之母。
他活著的時候大自然害怕被他超越，
他去世時大自然則害怕自己會一同死去。

文藝復興始於停止中世紀對造物者和絕對之神的稱讚。在中世紀，大自然只是造化之物，所以不是尋找真理的人應該探索的對象。文藝復興時期則充滿了對人類驚人理智，以及對自然做為萬物之源的驚嘆，人們想要像自然一樣，並與自然融為一體。從這一點來看，他們重新走上了古代雅典哲學家們走過的那條古老的路。據班波的介紹，拉斐爾與自然融為一體，所以其本身就是一個卓越的奇蹟。

拉斐爾去世後，接下來的故事我們都很清楚。同一時期，做為傳奇出版人活躍的紐倫堡（Nurnberg）的安東・科貝格（Anton Koberger, 1440-1513）、威尼斯（Venice）的阿爾杜斯・馬努提烏斯（Aldus Manutius, 1449-1515）、巴賽爾（Basel）的約翰・弗羅本（Johann Froben, 1460-1527）相繼去世。本書的內容只停留在教宗工作的義大利羅馬小辦公室的東壁上，但是當時歐洲各地正因印刷術的普及而發生書籍和知識革命。

葡萄牙探險家瓦斯科・達伽馬（Vasco da Gama, 1460-1524）以及斐迪南・麥哲倫（Ferdinand Magellan, 1480-1521）也是在同一時期離開祖國，穿越大西洋、印度洋和太平洋。拉斐爾用哲學探索古希臘的城市時，試圖駕船探險世界的冒險家們脫離了地中海的狹窄圍欄，航向了新世界。

不僅如此，在這一時期，德國宗教改革家馬丁・路德（Martin Luther, 1483-1546）提出《九十五條論綱》（*Ninety-five Theses*）而遭到天主教會驅逐，瑞士的烏利希・慈運理（Huldrych Zwingli, 1484-1531）也發表了《六十七條》（*Sixty-seven Articles*）。基督教打破陳規，開始樹立新的思想和態度。此時，伊拉斯謨（Erasmus, 1466-1536）於西元一五一一年出版了《愚人頌》（*Moriae Encomium*），馬基維利在一五一三年出版了《君主論》，英國思想家湯瑪斯・摩爾（Thomas More, 1478-1535）於一五一六年發表了《烏托邦》。此外，哥白尼在一五一四年著述並發表了《短論》（*Commentariolus*），其中包含了日心說的基礎理論框架。他經過長時間的整理，於一五四三年出版了如同里程碑的著作《天體運行論》。西班牙的埃爾南・科爾特斯（Hernán Cortés, 1485-1547）征服了南美的阿茲特克帝國，法蘭西斯克・皮薩羅（Francisco Pizarro, 1475-1541）則推翻了印加帝國。

拉斐爾去世的西元一五二〇年，歐洲正忙於迎接新時代的到來，雖然尚未出現新的時代精神，但是舊的正在逐漸消失。經過了因新時代精神的發現而激烈燃燒的十五世紀，十六世紀是歐洲認真準備世界轉變的時期，革命性變革的十七世紀則即將襲來，這是以莊嚴的作品做為偉大遺產的拉斐爾去世的一五二〇年的事。

現在，是時候結束這長篇大論，並將視線轉移到畫作中我想介紹的最後一個人物。畫作右下角表情漠不關心的男人就是拉斐爾自己。他戴著黑色帽子，用溫柔的視線看向觀者。雖然他看似和周圍其他人物一起呼吸，但是他卻以非常清晰的姿態凝視著正面。

〈雅典學院〉其實是透視法（perspective）相關文章中經常舉例的圖畫。透視法在義大利文藝復興時期出現在美術史上。當然，這個理念在拉斐爾之前就已經蠢蠢欲動了，但是此前卻沒有一幅作品能像〈雅典學院〉那樣清晰地展現文藝復興時透視法的特點和美麗。

使用透視法的畫家會將近處畫得大一些，並把遠處畫小一點。透視法中的中心不是各事物的固有位置，而是畫家的視線，所以客觀的秩序消失，由主觀的視線支配作品，因此看畫

的我們也會以透視法畫出的消失點聚焦我們的視線，並依該作品的中心重新布置事物，由此出現了近代常用的主體。透視法是藝術家的宣言，宣布他們將按照自己的眼睛去描繪這個世界，因為每個人的視野是其他人無法替代的。

然而，〈雅典學院〉的畫家拉斐爾更進一步干擾了透視技法的視線，他在古代的天才之間畫上自己，展現出自己的獨有視野。

拉斐爾的臉原本不在他的濕壁畫圖稿內，因為教宗和教會的其他領導人不會同意，但是拉斐爾在最終完成的畫作中畫上了自己的臉。他看著古代，回顧中世紀，活在文藝復興時代，並展望近代。

〈雅典學院〉穿越了那麼長的歷史，哲學家們在此獲得了美麗的肖像。古代、中世紀、文藝復興和近代，以及哲學、科學和藝術均在這幅偉大的畫作中相遇。拉斐爾的〈雅典學院〉是豐饒歷史的美麗見證，也是給哲學的絕讚祝福。

上天有時會將無限大且珍貴的禮物分給大家，
但是有時卻只對一個人慷慨大方地釋出親切，
烏爾比諾的拉斐爾就是如此。

——喬爾喬·瓦薩里

在雅典學院聽哲學課

跟著拉斐爾名畫認識 14 位古希臘哲學家

이토록 매력적인 철학 : 아테네 학당에서 듣는 철학 강의

作　　者 金秀映
譯　　者 陳宜慧
封面設計 Dinner illustration
版型設計 Dinner illustration
內頁排版 藍天圖物宣字社
責任編輯 王辰元
校　　對 簡淑媛

發 行 人 蘇拾平
總 編 輯 蘇拾平
副總編輯 王辰元
資深主編 夏于翔
主　　編 李明瑾
業　　務 王綬晨、邱紹溢
行　　銷 曾曉玲

出　　版 日出出版
地址：台北市 105 松山區復興北路 333 號 11 樓之 4
電話（02）2718-2001　傳真：（02）2718-1258
發　　行 大雁文化事業股份有限公司
地址：台北市 105 松山區復興北路 333 號 11 樓之 4
24 小時傳真服務（02）2718-1258
Email：andbooks@andbooks.com.tw
劃撥帳號：19983379　戶名：大雁文化事業股份有限公司

初版一刷 2023 年 2 月
定　　價 450 元
I S B N 978-626-7261-19-4
I S B N 978-626-7261-18-7（EPUB）

國家圖書館出版品預行編目(CIP)資料

在雅典學院聽哲學課：跟著拉斐爾名畫認識 14 位古希臘哲學家 / 金秀映著；陳宜慧譯 . -- 初版 . -- 臺北市：日出出版：大雁文化事業股份有限公司發行 , 2023.02
面； 公分
譯自 : 이토록 매력적인 철학 : 아테네 학당에서 듣는 철학 강의
ISBN 978-626- 7261-19-4（平裝）

1. 古希臘哲學 2. 傳記

141.099 112000713